project
333

미니멀리스트 패션 챌린지

minimalist
fashion
challenge

project
333

프로젝트 333

코트니 카버 지음 | 신솔잎 옮김

생각지도

옷장 정리로 삶이 달라질 수 있을까요

에린남

라이프 스타일 유튜버,《집안일이 귀찮아서 미니멀리스트가 되기로 했다》 저자

내 옷장은 엉망이었다. 그래서 옷장 문을 여는 게 두려웠다. 옷장 문을 열면 기다렸다는 듯이 옷가지들이 내 발 앞으로 쏟아졌다. 자동으로 한숨이 새어 나왔다. 원하는 옷을 꺼내려면 시간이 한참 걸렸다. 어떤 때는 옷 더미 속으로 손을 깊숙이 집어넣어 손의 촉감에만 의존해서 옷을 찾아내야 했다. 옷장 문을 닫을 때도 꾸역꾸역 닫았다.

옷 하나 꺼내 입는 일이 고단하게 느껴졌다. 이 고단한 과정이 하루에 두 번 정도 매일 반복됐다. 언젠가부터는 옷장 문을 열기가 귀찮고 두려워서 빨래 건조대에 걸려 있는 옷만 입기도 했

다. 이런 옷장의 상태를 뻔히 알면서도 나는 또 옷을 샀다. 세일하는 옷을 사고, 유행하는 옷을 사고, 나에게 잘 어울리는 옷이 뭔지도 모르면서 눈길 가는 옷을 몸에 맞기만 하면 샀다. 옷장 상태는 계속해서 악화되어갔다.

그렇다고 나의 의생활 만족도가 높았던 것도 아니다. 많은 옷을 사고 옷장을 채워두면서도 입을 게 없다며 툴툴거렸다. 그다음에는 또 옷을 살 차례다. 악순환의 반복이었다.

그러던 내가 '집안일이 귀찮아서 미니멀리스트가 되기로' 결심했다. 처음으로 내 옷장을 깔끔하게 정리하고 싶어졌다. 당시에 내게 큰 영향을 준 것이 바로 '프로젝트 333'이다. '프로젝트 333'을 통해 옷장 줄이기를 하던 많은 참여자의 정갈한 옷장 사진들을 보고 충격에 빠진 나는 큰 자극을 받았다.

가지런히 놓인 신발 몇 켤레, 한두 개의 가방. 옷과 옷 사이에는 놀랍게도 공기가 드나들 수 있는 '공간'이라는 게 있었다. 내 옷장과는 정반대의 모습이었다. 하지만 3개월 동안 33개의 아이템이라니! 아무리 3개월 동안이라지만 33개만으로 만족스럽게 일상을 살아갈 수 있는지 의심스러웠다. 그보다 몇 배 이상의 아이템으로도 불만족스럽게 살아왔던 나였기에 더 그랬다. 내가 가진 귀걸이만 해도 수십 개였고, 발이 불편해서 신지도 않는 신발이 신발장을 가득 채우고 있었으며, 사기만 해두고 방치한 옷과 가방들이 한가득이었다.

하지만 미니멀리즘으로 내 삶을 바꿔보고 싶었던 나는 '프로젝트 333'처럼 3개월 동안 33개의 아이템까지는 아니더라도 정갈하고 깔끔한 옷장을 가지면 좋겠다는 마음으로 옷을 비우기 시작했다. 프로젝트 333으로 정리된 옷장 사진을 보면서 나도 가까운 미래에 '작지만 완벽한 옷장'을 갖고 말겠다는 굳은 다짐을 했다.

그로부터 약 4년이 지난 지금, 나는 내가 원하던 작은 옷장을 갖게 되었다! ('완벽한'이라는 말은 뺐다. 완벽하지 않아도 충분하니까.) 지금 나는 사계절 모든 옷을 합쳐 30벌 남짓의 옷을 가지고 있고, 손목시계 하나, 2개의 목걸이와 귀걸이 하나, 슬리퍼를 포함한 신발 7켤레, 쓸모가 다른 가방 5개를 소유하고 있다. 모자나 선글라스도 한두 개씩만 남겨두었다.

이렇게 되기까지 거의 3년이라는 시간이 걸렸지만, 그사이에 나는 나에게 셀 수 없이 많은 질문을 하고 나에 대해 알아가는 시간을 가졌기에 결코 그 시간이 지루하지 않았다. 물건을 정리하면서 나에 대해서 더 잘 알게 되었고, 적은 양의 물건으로도 충분히 만족하며 살아갈 수 있다는 것도 알게 되었다.《프로젝트 333》에 내가 겪은 것과 똑 닮은 변화들이 담겨 있어서 어찌나 반가웠는지!

《프로젝트 333》은 미니멀리즘 실전편이다. 꼼꼼하고 구체적인 제시를 통해 물건 정리를 어떻게 하면 좋을지 도움을 준다. 비우는 것으로 끝나지 않고 나에 대해 충분히 생각할 시간을 갖게 해준다. 정답이 없는 미니멀리즘의 과정으로 자신에게 어울리는 선택과 방법을 찾아가게 안내해준다.

이상하게 들릴지 모르지만 나는 누군가가 옷장 정리를 한다고 하면 괜히 설렌다. 내가 잘 알지도 못하는 그 누군가가 옷장 정리를 통해 어떤 변화를 얻게 될지 기대되어 심장이 콩닥거린다. 그리고 이제는 누군가가《프로젝트 333》을 읽는다고 하면 설렐 것 같다. 분명 마음속 깊은 곳에서부터 아주 작은 변화가 시작될 것임을 믿어 의심치 않으니까.

박진희, 배우

비워내는 삶을 실천할 때 우리는 비로소 진정한 자신과 마주할 수 있습니다. 삶에서 가장 소중한 단 한 가지를 발견하게 됩니다. 그것만으로도 우리의 삶은 더할 나위 없이 풍요롭고 충만해질 것입니다. 지금은 지구를 위해서도 나 자신을 위해서도 비워내는 삶에 관심을 갖고 변화해야 할 때입니다. 내가 바뀌지 않으면 아무것도 달라지지 않습니다.

자기만족을 위해 쇼핑을 하고, 더 큰 집으로 이사를 가고, 돈을 위해 엄청난 고민을 할 필요는 없습니다. 변화하고 싶다면 보여지는 것에 대한 부담을 내려놓고 자신의 내면에 집중하는 것부터 시작해보세요. 사소해 보이는 '미니멀리스트 패션 챌린지'를 다루는 《프로젝트 333》은 그 시작의 길잡이가 되어줄 것입니다. 덜 입고, 덜 먹고, 덜 소비할 수 있다는 '미친' 생각을 갖는 것이 '프로젝트 333'의 시작이라고 작가는 이야기합니다. 부디 덜어냄의 기쁨을 만끽하고 진정한 사랑으로 삶을 채우시길 바랍니다.

이지영, 공간 크리에이터, 정리왕 썬더이 대표

많은 이들이 물건을 쉽게 비우지 못하는 이유는 남들이 보기엔 하찮아 보이는 물건도 그 주인에게는 금방이라도 그것과 관련된 기억을 소환할 수 있는 각각의 사연이 담겨 있기 때문이다. 그런 스토리가 있는 물건을 버리면 자신의 추억도 같이 버려지고 다시는 되찾을 수 없다고 여기는 것이다.

하지만 자신의 공간에서 물건을 비워내는 것만으로도 어지럽고 불안했던 마음이 씻겨 내려가는 기분이 들 때가 있다. 옷장은 그런 치유의 기분을 느끼게 해주는 최고의 공간이다. 옷장 문을 열었을 때 고민하지 않고 입을 수 있는 단출한 몇 벌의 옷만으로도 해방되고 홀가분한 기분이 든다. 이제 '프로젝트 333'으로 하루를 심플하지만 기분 좋게 시작해보자. 《프로젝트 333》이 좋은 친구가 되어줄 것이다.

이주은, 알맹상점 공동 대표

나 역시 예전에는 월급 통장이 두둑해지면 쇼핑하러 가는 게 당연하다고 생각했다. 하지만 미니멀한 삶을 지향하면서 프로젝트 333을 알게 되었고, 나와 비슷한 성향의 17명과 2022년 봄부터 이 프로젝트를 실천했다. 막상 해보니 충분히 가능한 프로젝트였다. 옷을 줄이는 삶을 살아보니 나의 소비 성향을 돌아보게 되었다. 내가 어떤 물건을 좋아하고, 나에게 어떤 물건이 필요한지, 어떻게 소비해야 하는지를 생각해볼 수 있었다.

내가 직접 실천해본 '프로젝트 333'을 소개하는 이 책 《프로젝트 333》은 옷에서 시작해 주방기구, 돈 등 일상의 많은 것들을 줄일 수 있음을 알려주고 있다. 유행에 휩쓸리는 쇼핑 시간을 줄이다 보면 생활비를 아낄 수 있는 것은 물론 자신의 삶을 돌아보고 전보다 마음의 여유가 생기는 것은 당연하다. 매번 옷장을 열 때마다 '입을 옷이 없다'거나 '옷장을 비우고 싶다'라는 생각이 든다면 한 번쯤 시도해볼 만한 '착한' 도전이다. 이 작은 도전을 통해 당신은 이전과는 상상도 할 수 없을 만큼 풍요로운 삶의 자세를 배우게 될 것이다.

레이철 메이시 스태퍼드Rachel Macy Stafford

《핸즈 프리 마마Hands Free MaMa》 저자

옷장을 좀 정리하고 싶다는 마음에《프로젝트 333》을 폈다. 이 실용적인 가이드북이 내 삶에 스트레스를 불러오는 주된 요인이 무엇이고, 그것을 단번에 해결해주리라는 기대는 하지 않았다. 그런데 이 책에 나온 원칙을 적용하고 며칠 지나지 않아 내 삶의 잡동사니와 과잉의 실체를 깨닫게 되었다. 그것은 지난 수십 년간 나를 짓누르고, 진짜 중요한 것들에 집중하지 못하게 만드는 불필요한 짐이었다.

코트니 카버는 지혜와 유머, 연민과 실용성으로 우리 삶에 진정으로 중요한 것이 무엇인지 깨닫게 해주고, 우리 자신을 위해 그리고 우리가 사랑하는 사람들을 위해 정서적으로 경제적·이성적인 선택을 하도록 도와준다.《프로젝트 333》 덕분에 우리 가족은 소유를 줄임으로써 더욱 가볍고 행복해진 삶이 보여주는 무한한 가능성을 경험하고 있다!

조슈아 베커Joshua Becker, 《작은 삶을 권하다》 저자

내게 '프로젝트 333'은 그저 옷을 줄이는 것 이상의 의미가 되었다. 이 책은 바운더리boundary의 가치를 일깨워주었다. 바운더리는 옷장 그 이상으로 확장된다. 집을 어떻게 꾸미고 아이에게 어떤 장난감을 사줄 것인지, 심지어 시간과 돈, 에너지를 어디에 어떻게 쓸 것인지까지 관여한다. 삶을 단순하게 만들 준비가 된 사람이라면 반드시 읽어야 할 책이다.

프랜신 제이Francine Jay, 《가볍게 살고 있습니다》 저자

프로젝트 333은 단순한 패션 챌린지가 아니라 한층 더 주도적인 삶의 첫걸음이다. 코트니 카버는 마음에서부터 불필요한 짐을 덜어내는 방법을 진심 어린 목소리로 알려줄 뿐 아니라 그 과정 내내 독자에게 진심 어린 격려를 아끼지 않는다.

멀리사 콜먼 Melissa Coleman

《미니멀리스트 키친 The Minimalist Kitchen**》 저자**

소박함은 결과만 보면 항상 심플하고 쉬워 보이지만, 거기에 이르기까지의 과정은 어려울 거라고 생각했다. 《프로젝트 333》에서 코트니는 옷장을 소박하게 만들기 위해 쉽게 실천할 수 있는 작은 단계를 제시할 뿐 아니라 잔뜩 쌓인 옷과 신발, 산더미 같은 좌절 이면에 자리한 문제의 진짜 원인을 파헤친다. 이 책을 읽으며 처음부터 끝까지 고개를 끄덕이지 않을 수 없었다. 당신도 깊이 공감할 것이다.

엔젤 체르노프 Angel Chernoff, **《인생 파헤치기 프로젝트》 저자**

나는 프로젝트 333을 통해 옷장을 정리하고부터 내 삶을 다시 소박하게 되돌릴 수 있었다. 내가 입는 옷이 내게 짐이 되지 않게 하는 법을 배웠다. 전보다 옷을 적게 입지만 자신감은 두 배로 커졌다. 그것만으로도 진심으로 감사하는 마음이다. 옷장 하나로 인생이 달라지는 상상하지 못했던 가능성을 직접 체험해 보길 바란다.

태미 스트로벨 Tammy Strobel

Rowdykittens.com 창립자이자 작가, 사진작가

옷장을 최적화하고 싶다면 코트니 카버의 가이드를 따르길 바란다. 불필요한 물건을 비워냄으로써 당신의 인생에 더 큰 즐거움과 감사함, 사랑이 자리할 공간을 만드는 법을 보여줄 것이다. 코트니의 말처럼 '소박함은 사랑으로 회귀하는 여정'이고, 이 책은 사랑 넘치는 조언과 이야기로 가득하다.《프로젝트 333》을 강력히 추천하는 바다!

조슈아 필즈 밀번 Joshua Fields Millburn

더미니멀리스트의 공동 창립자

코트니 카버는 적게 소유하는 것의 엄청난 힘을 잘 이해하고 있다.

'~을 하는 건 미친 짓일까?'라고 스스로에게 질문하는

용감하고 호기심 넘치는 모든 사람들에게

차례

3개월에 33개

333

01

2010년 미니멀리스트 패션 챌린지인 프로젝트 333을 처음 기획할 당시 '캡슐 옷장capsule wardrobe'을 만들 생각은 없었다. 나만의 스타일을 개발하자는 것도 아니었다. (스타일에는 미련을 버린 지 오래였다.) 사실 이 챌린지를 시작한 동기는 옷과는 아무런 관련이 없었다.

나는 그저 약간의 평화가 필요했다. 과잉에서 벗어나고 싶었다. 아침마다 몇 번씩 옷을 갈아입느라 시간에 쫓기는 생활을 멈추고 싶었다. 기분 좋게 옷을 입고 싶었다. 출근할 때나 저녁 식사 약속, 행사에 무슨 옷을 입어야 할지 고민하는 것도 그만두고 싫었다. 내게 무언가 부족하다는 기분이 싫었다. 마치 내가 부족한 인간인 것만 같았다.

평균적으로 여성은 한 번도 입지 않을 옷을 구매하는 데 550달러를 소비한다. 여성들 80퍼센트가 자기 소유의 옷 가운데 20퍼센트만 입는데도 100퍼센트 가득 찬 옷장이 우리의 관심과 감정, 공간과 시간을 100퍼센트 앗아간다. 너무도 소모적이다. 당신도 잠깐의 여유를, 약간의 평화를 바라지 않는가?

해가 지날 때마다 또는 계절이 바뀔 때마다 옷장을 정리하는 것은 임시방편에 불과하다. 우리는 지나치게 소유하고 있다. 필요 이상으로 많이 소유하면서도 여전히 부족하다고 여긴다. 제대로 된 신발도 없고, 이번 시즌에 유행하는 트렌디한 코트도 없고, 완벽한 블랙 미니 드레스도 멋진 신상 핸드백도 없다. 끊임없는 비교와 눈길을 사로잡는 광고, 말도 안 되게 저렴한 패스트 패션fast fashion의 가격 정책에 힘입어 우리는 자꾸만 사고, 사고 또 산다. 그럼에도 늘 부족하다.

도대체 프로젝트 333이 무엇인가요?

프로젝트 333은 옷장에는 공간을, 삶에는 여유를, 마음에는 사랑을 키우는 프로젝트다. 적게 소유하는 삶의 실천이자 물건, 쇼핑, 특히나 우리가 매일 몸에 입고 걸치는 것들과의 관계를 새롭게 재정립할 기회다. 프로젝트 333은 다르게 생각하고 다르게 옷을 입을 기회이자, 자신의 옷장 그리고 삶에서 진정으로 필요한 것이 무엇인지 배우는 계기다.

좋은 말처럼 들리지만 정확히 무엇인지 감이 잡히지 않을지도 모르겠다. 더 구체적으로 설명하자면, 프로젝트 333은 3개월 동안 옷, 액세서리, 주얼리, 신발을 포함해 33개의 아이템만을 착용하는 미니멀리스트 패션 챌린지다. 규칙은 조금 후에 자세히 알려줄 예정이지만 우선 이 설명만 듣고는 아마도 이런 생각이 들 것이다. '멋지네. 한번 해보자.' 혹은 '좋은 프로젝트지만 나는 별로.' 또는 '이 사람 제정신인가.' 호불호가 극명하게 갈릴 때가 많다. 올인all-in이거나 올아웃all-out이다. 처음에는 말이다. 그러니까 내가 말하려고 하는 요지는 당신이 처음에 어느 쪽이었는지 크게 신경 쓰지 않아도 된다는 것이다. 이 책을 다 읽고 나면 이 프로젝트에서 무엇을 기대할 수 있을지, 이 작은 챌린지가 당신의 옷장과 삶을 어떻게 바꿀지 좀 더 분명하게 이해할 수 있을 것이다.

프로젝트 333을 시작하게 된 계기

2010년 나는 도저히 수습하기 어려운 지경의 옷장을 보며 하나의 실험으로 프로젝트 333을 시작했다. 나는 수십 년간 옷을 (누구나 그렇듯 옷 외에도 온갖 물건을) 모았다. 옷장이 가득 차면 박스, 서랍, 다른 옷장에 옷을 보관했다. 봄맞이 대청소와 함께 '새로운 해에는 새로운 마음으로' 정리를 하며 분위기를 전환했다.

하지만 이내 옷장을 또 가득 채우고 말았다. 계절이 바뀌니까, 행사가 있으니까 그리고 내 정서 상태를 주로 핑계 삼아 새로운 아이템으로 옷장을 채웠다. 쇼핑을 하면 기분이 좋아졌다. 오래 가진 않았지만 그래도 그 순간에는 그랬다.

규칙을 정하기 전 인터넷에 옷장 챌린지를 검색했다. 이미 몇 년 전부터 내 삶을 천천히 조금씩 비워내고 있었지만, 이렇게 느리고도 꾸준한 방식으로 옷장을 바꿀 수는 없을 것 같았다. 느리고도 꾸준한 방식으로 옷장을 바꿀 수 있는 시점은 이미 지난 지 오래였다. 옷장 안을 정리하는 것도 필요했지만 옷, 옷장, 쇼핑 습관에 대한 생각도 바꾸고 싶었다. 하지만 내가 바라는 챌린지를 온라인에서 찾을 수 없었고, 그래서 직접 만들었다.

2010년 10월 1일, 나 자신에게 (그리고 인터넷에) 앞으로 3개월간

소량의 아이템만 (내가 그간 입었던 것보다 훨씬 단순하게) 착용하겠다고 다짐했다. 앞으로 어떤 일이 펼쳐질지 예상할 수 없었다. 뚜렷한 목표도 따로 정해두지 않았다. 앞서 밝혔듯이 나는 그저 약간의 평화가 필요할 뿐이었다. 무엇을 입을지, 무엇을 살지, 무엇을 보관할지, 무엇을 기부하고 판매할지, 무엇이 예쁜지 생각하는 것 자체가 너무도 피곤했다. 옷을 입어보고, 사람들이 어떻게 생각할지 고민하고, 거대한 옷장을 관리하는 일이 내 삶의 큰 부분을 소모했고, 이런 생활이 지긋지긋해졌다. 평생 쇼핑을 했지만 항상 입을 옷이 없었다.

챌린지를 시작할 당시 나는 매거진 몇 곳의 광고 영업 일을 하고 있었다(얼마나 아이러니한 일인가). 작은 캡슐 옷장을 막상 만들고 나자 이런 생각이 들었다. '옷이 너무 부족할 것 같은데. 사람들이 알아챌 거야. 미친 짓을 벌인 걸까?' 업무 면에서는 사람들과 대면해야 하는 미팅과 행사가 끝없이 이어졌고, 진짜 내 삶은(나는 업무를 '진짜 삶'으로 여긴 적이 없다. 하루빨리 벗어나고 싶을 뿐이었다) 식구들을 챙기고, 하이킹을 가고, 저녁 데이트를 하고, 친구들과 어울리고, 쇼핑을 하는 시간으로 채워졌다. 여러모로 걱정이 됐지만 그래도 이제는 변화할 때라고 믿었다. 내가 바뀌지 않으면 아무것도 달라지지 않을 테니까.

프로젝트 333에 대한 오해

코디 공식이 아니다. 33개의 블랙 아이템만으로 옷장을 채운 사람도 있고, 33개의 화려한 무늬가 있는 아이템만 선택한 사람도 있으며, 다양한 아이템을 섞어 프로젝트 333 캡슐 옷장을 구성한 사람도 있다. 앞으로 다양한 사례를 보겠지만, 결국 이 챌린지의 백미는 당신이 좋아하는 옷을 매일 입는다는 데 있다.

대회가 아니다. 당신만의 소소한 승리감을 느낄 기회가 자주 찾아오겠지만 그럼에도 프로젝트 333에는 위너가 없다. 이 챌린지와 커뮤니티에서는 경쟁이 아니라 서로를 응원한다. 무엇을 입었는지 공유하고 배우고 느낀 바를 나누고, 어떻게 성장하고 있는지를 소통하며 서로에게 힘이 되어주고 영감을 전해준다.

특별한 과학적 근거가 있는 것은 아니다. 그저 내가 3개월간 이 정도 아이템이 필요할 것 같다고 추리다 보니 33이란 숫자가 나왔다. 원래는 45개의 아이템이었지만 챌리지인 만큼 33개로 줄였다. 3개월간 33개, 333이라는 딱 떨어지는 숫자가 좋았다. 나는 33으로 시작했지만 당신의 경우는 달라질 수도 있다. 여기에 대해서는 추후 다시 이야기할 예정이다.

고행이 아니다. 어느 날 오후 딸과 함께 뉴욕에서 지하철을 기다리고 있었다. 당시 33개 아이템 중 하나인 파란색과 하얀색이 들어간 스트라이프 셔츠를 입고 있었다. 커피를 마시려다가 뚜껑이 제대로 닫히지 않았던 탓에 셔츠에 커피를 쏟고 말았다. 한 번 크게 웃어넘기고는 새로운 셔츠를 사러 갔다. 미니멀 라이프니까 새로운 물건을 구매하지 않겠다는 규칙에 얽매여 얼룩진 셔츠를 온종일 입고 다닐 생각은 전혀 없었다. 33개 아이템으로 정한 옷 중 하나가 찢어지거나 얼룩이 생기거나 어느 순간부터 몸에 잘 맞지 않는다면 굳이 고생할 필요가 없다. 다른 아이템으로 대체하거나 수선한 뒤 챌린지를 이어가면 된다.

프로젝트 333을 시작하며 느끼는 5가지 즐거움

프로젝트 333을 시도해야 할 이유는 많다. 무엇을 느끼는지, 어떤 이점을 경험하는지는 사람마다 다르다. 하지만 옷을 적게 소유하는 옷장 챌린지를 시작하며 많은 사람들이 경험하는 몇 가지 즐거움이 있다.

돈 프로젝트 333은 단지 적은 아이템의 옷을 입겠다는 취지만은 아니다. 3개월 동안 쇼핑을 끊겠다는 단호한 결심이기도 하다. 신발이나 옷, 액세서리와 주얼리에 돈을 많이 소비하는 스타일이 아니라고 자신해도 크고 작은 소비가 모이면 생각보다 많은 돈을 쓰고 있다는 데 놀랄 것이다.

시간 지난 한 달 동안 매장이나 인터넷 쇼핑을 하느라 얼마나 시간을 허비했는지 생각해보라. 특별 할인가 광고를 꼼꼼히 살펴보고, 새로 산 옷과 장신구를 이리저리 매칭하느라 얼마나 시간을 들였는가? 아침마다 옷을 고르며 준비하던 시간은? 거기에 과거의 소비를 후회하고 미래에 무엇을 살지 고민하는 시간도 더해보길 바란다. 앞으로 3개월간 이 모든 시간이 공짜로 생기는 것이다.

공간 챌린지를 하며 과도한 소유물을 당장 처분하지 않더라도 일단은 눈에 띄지 않는 곳으로 정리해야 한다. 그러면 당신의 영역에 물리적 공간이 생기는 것은 물론 보기만 해도 답답하던 물건을 치운 후의 정서적 여유도 얻을 수 있다.

명료성 33개의 아이템을 정하고 나면 앞으로 3개월간 무엇을 입어야 할지 고민하지 않아도 된다. 세일 중인 상품은 무엇인지, 어떤 옷을 사야 할지, 부족한 아이템은 없는지 고민할 필요가 없다. 이런 의사결정을 줄이다 보면 자신에게 진짜로 중요한 것이 무엇인지 알게 되고, 복잡하지 않고 선명한 하루를 보낼 수 있다. 의사결정 피로여, 이젠 안녕.

자유 무슨 옷을 입을지 고르려고 옷장을 열 때마다 맞지 않는 옷, 지나치게 비싼 값을 치른 물품들, 쓰지 않는 아이템이 당신을 한숨짓게 한다. 나는 매일 옷장 문을 열 때마다 내가 스스로 만들어온 빚과 불행을 마주하곤 했다. 내 몸에 맞지 않는 옷, 사두고 한 번도 입지 않은 옷, 심지어 아직도 가격표가 붙은 옷이 옷장을 가득 채우고 있었다. 지나치게 많은 옷들을 정리하면서 오랫동안 짐처럼 나를 짓누르던 감정들도 사라졌다. 다 정리하고 난 후에야 이미 충분한 대가를 치렀다는 것을 깨달았다. 내가 지불한 것은 돈과 시간, 주의력, 감정이었다. 당신은 어떤가? 좋아하는 옷으로만 옷장을 채워보라. 매일 아침 수많은 물건들을 보며 느끼는 부담감과 그때 왜 이 옷을 구매했는지 스스로를 타박하는 자책과 죄책감에서 자유로워질 수 있다.

나의 첫 333 프로젝트

삶을 바꾸는 옷장 챌린지를 소개하기 전에 내 소개부터 해야겠다(아주 간단하게 말이다). 나는 정말 사랑하는 사람과 결혼했고, 눈에 넣어도 아프지 않을 20대 딸이 있다. 작가이자 블로거, 강연자인 나는 창의적이고 내향적인 성격이다. 세일즈, 마케팅, 광고 분야에서 오래 일했는데, 불행히도 2006년 다발성 경화증 진단을 받았다. 그때 나는 (잡동사니와 빚, 집을 모두 정리하는 등) 내 인생에서 스트레스 요인을 없애야겠다고 마음먹었고, 탄탄하고 유망한 직장을 그만두고 나를 행복하게 하는 일에 매진하기로 했다. 비모어위드레스bemorewithless.com라는 블로그를 운영하고 있는데, 많은 사람들이 프로젝트 333이라는 키워드를 검색하다가 찾아오는 곳이다.《내 영혼을 풍성하게 해주는 소박한 삶Soulful Simplicity》이라는 책에서 나는 프로젝트 333에 대해 간단하게 소개한 적 있는데, 지금은 아예 '프로젝트 333'에 관한 책을 쓰고 있다. 늘 이런 식이다. 나에 대해 이야기하려면 결국 프로젝트 333을 빼놓을 수가 없다!

내가 프로젝트 333을 어떻게 진행했는지, 당신은 어떻게 할 수 있을지, 내가 챌린지를 하면서 느낀 어려움은 무엇이었고, 다른 사람들은 옷장을 어떻게 바꾸었는지, 프로젝트 333으로 삶이 어떻게 달라졌는지 이 책에서 소개할 예정이다. 그전에 나의 첫 번째 333 아이템부터 소개한다. (상세한 리스트는 https://bemorewithless. com/minimalist-fashion-project-333-begins에서 확인할 수 있다).

- 의류 21벌
- 액세서리 6개
- 주얼리 2개
- 신발 4켤레

내 경우에는 시간이 지나면서 33개 아이템이 달라지고 진화했다. 하지만 결국에는 비슷한 카테고리로 마무리되었다. 처음 시작할 때만 해도 '소박함'이란 개념을 옷장 속 아이템 수를 제한하는 데만 적용했지만, 이제는 내가 선택하는 아이템 하나하나를 소박함이란 기준으로 평가한다. 관리하기가 용이한가? 다른 아이템과 잘 매치되는가? 내 몸에 잘 맞고 다양한 용도로 활용할 수 있는가?

이 책을 읽다 보면 당신도 자신만의 캡슐 옷장 만드는 법과 그것이 왜 중요한지 깨닫게 될 것이다. 33개 아이템에 포함, 불포함할 것이 무엇인지에 대해서도 알려줄 예정이다.

나는 꽤 오랫동안 나에게 꼭 어울리는 블랙 미니 드레스가 있을 것이라고 믿으며 살았다. 하늘거리는 새 스카프가 내 차림새를 흡족하게 해주고, 어쩌면 나란 사람을 완벽하게 변신시켜줄 것이라고 믿었다. 신고서 제대로 걷기도 힘든 신발이 나를 당당한 사람처럼 보이게 해줄 거라고 생각했다.

하지만 단 몇 벌의 옷으로 3개월을 보낸 후 나는 옷이 그 사람을 대변하지 않는다는 것을 깨달았다. 사람들은 내가 무슨 옷을 입는지 별로 관심이 없다. 더 중요한 것은 행복해지는 데는 많은 것이 필요하지 않다는 사실이다. 이제는 심플함이 새로운 트렌드다.

더 많이, 소유하다

more

02

이 책을 읽으며 반드시 한 벌쯤 소장해야 하는 완벽한 청바지나 블랙 미니 드레스를 추천받기를 기대한다면 자신의 옷장 역사를 잠깐 되짚어보길 바란다. 평생 동안 청바지를 몇 벌이나 샀는가? 블랙 미니 드레스는? 스타일리시한 가방은? 그래서 당신의 삶이 달라졌는가?

사실 당신의 삶을 바꾸거나 당신이 아닌 다른 누군가처럼 만들어줄 아이템이란 세상에 존재하지 않는다. 쇼핑은 과거를 바꾸지도 미래를 보장하지도 않는다. 더 많이 소유하는 것이 해결책이 아니라는 말이다.

나는 지금 소박한 삶을 경험하면서 적게 소유하는 삶의 힘을 알게 되었고, 스트레스도 현저히 낮아졌다. 그런데 이전에는 내 문제들에 대한 해결책은 더 많이 소유하는 것이라고 생각했다. 돈이 더 많으면, 옷장이 더 크면, 쇼핑을 더 많이 하면, 소비를 더 많이 하면, 그러니까 무엇이든 더 많으면 더 행복해질 것이라고 믿었다. 내가 타인을 위해 더 많은 것을 해주면 내가 더 많은 것을 이루어내고, 나 자신을 사람들에게 증명하면 더 사랑받고 존경받을 것이라고 생각했다. 하지만 더 많이 갖고, 더 많이 이루고, 더 많은 것을 좇아도 더 행복해지거나 사람들과 더 가까워지거나 더 건강해지지 않았다. 되레 그 반대였다. 더 많은 것을 목표로 한 내 여정은 스트레스, 우울증, 어색한 관계로 이어졌고 결국 소모와 질병으로 귀결되었다.

더 많은 것을 소유하려는 마음을 한껏 풀어헤친 대상은 바로 내 옷장이었다. 살이 찌면 옷을 샀다. 살이 빠져도 옷을 샀다. 내게 어울리는 옷을 찾지 못할 때는 대신 신발을 더 샀다. 참석해야 할 이벤트가 생기면 옷을 사고 그에 맞는 액세서리도 샀다. 좋은 일이 있는 날에는 쇼핑으로 자축했다. 마음에 꼭 드는 셔츠를 발견하면 똑같은 디자인의 셔츠를 색색별로 샀다(그러고는 맨날 블랙 셔츠만 입었다).

우울한 날에는 쇼핑 처방을 내렸다. 물론 더 많은 것을 소유하면서 잠깐은 우울감이 해소되었지만 좋은 방법은 아니었다. 그럴수록 불만만 더 커졌으니까. 무언가 잘못되어가고 있었지만 어디서부터 무엇이 잘못되었는지는 몰랐다. 문제의 실체를 파악하는 대신 나는 더 많은 물건, 더 바쁜 삶, 더 많은 쇼핑에 매달렸다. 잘못된 무엇인가가 견딜 만하다면 그 문제를 마주하는 것보다 견딜 만한 현실에 머무는 편이 훨씬 편안했다.

그러다가 스트레스를 줄이기 위해 하나씩 내려놓기 시작하자, 아주 오랫동안 느끼지 못했던 오묘한 감정이 찾아왔다. 마음이 가벼워졌다. 또 더 행복해지고 더 건강해졌다. 그래서 계속 비워냈다. 예상하지 못한 일이었는데, 얼마 지나지 않아 비움이 소유를 대신해 새로운 해결책이자 새로운 삶의 방향이 되었다. 그랬다. 비우는 것이 정답이었다. 신경 쓰고 걱정하고 생각해야 할 것이 줄어들자 마음이 한결 가벼워졌다. 식단이나 일정표, 예산에서 많은 것을 덜어냈다. 그러자 내 물건을 정리해야 할 차례였다. 처음에는 내 소유물이, 지난 몇십 년 동안 수집했던 잡동사니가 내게 스트레스를 준다고 생각하지 않았다. 하지만 결국에는 인정해야 했다. 내 물건들이 나를 짓눌렀고 집중력을 흐트러뜨렸다. 소유물이 스트레스의 요인이라는 생각이 들

자 전부 치워버리고 싶었다. 다행히도 그러지는 않았다(그랬다가
는 프로젝트 333이 아니라 프로젝트 33이 될 뻔했다).

처음에는 내 옷장에 '쌓인' 소유물을 모르는 척했다. 손대고 싶
지 않았다. 옷장 속에 그득한 옷들을 계속 보관한 데는 나름의
이유가 있었다. 그 옷을 사느라 많은 시간과 돈을 썼고, 몇몇 옷
에는 나만의 각별한 사연도 있었다. 사람들이 옷차림으로 나를
판단한다고 생각도 했던 것 같다. 내 정체성과 온갖 감정이 얽
혀 있었기에 옷장에는 손을 댈 수가 없었다. 그래서 우선은 다
른 것부터 소박하게 비워갔다. 그런 후에야 '이제 옷장을 비워
야 할 때'라는, 프로젝트 333을 시작할 때라는 결심이 섰다.

프로젝트 333이 당신에게 주는 선물

우선 한 가지 명심해야 할 것이 있다. 프로젝트 333을 시작하며
옷장 속 쌓인 옷들을 전부 다 없앨 필요는 없다. 오히려 그러지
않기를 권하는 쪽이다. 그저 불필요한 아이템을 다른 곳으로 치
우라고 말한다.

이 챌린지를 시작하려면 우선 아이템을 모두 다른 곳으로 옮겨
두어야 한다. 거기에는 이유가 있다. 그래야 어떤 옷을 자주 입

고, 무엇을 치워야 할지 분별하기가 수월해지기 때문이다. 당신과 당신이 가진 물건들 사이에 적정한 거리를 두어야 포기도 쉬워진다. 그동안 옷장을 열 때마다 마주하는 엄청난 양의 옷이 신경 쓰였겠지만 이제는 그럴 필요가 없다.

내가 처음 33개 아이템만 입으면서 3개월을 보낸 후 나머지 옷을 보관했던 상자를 열어보면서 처음 든 생각은 이것이었다. '도대체 무슨 생각으로 이랬을까?' 내가 좋아하지도 않은 그리고 한 번도 입지 않았던 옷들을 왜 그렇게 오랫동안 쌓아두고 있었을까? 입지 않는 옷을 보며 왜 그렇게 오랫동안 죄책감에 시달렸던 걸까? 얼마 뒤에는 기부해야겠다는 생각이 들었다.

결과적으로 나는 지금까지 쌓아두었던 옷을 모두 정리했다. 하지만 처음 프로젝트를 시작할 때 불필요하다고 여기는 옷들을 바로 치워버렸다면 내가 정말 잘했는지 내내 의심하고, 똑같은 옷을 다시 사야 하는 것은 아닌지 걱정하면서 더 스트레스를 받았을 것이다. 그러니 신중하게 접근해야 한다. 불필요하게 쌓아둔 소유물을 단번에 없애버리겠다는 생각 대신 3개월간 잠시 눈에 안 보이는 곳에 보관하며 일단은 견딜 만한지 경험해보는 것이 좋다.

소유가 아니라 비움이 내 원칙이 되었지만 옷을 적게 입음으로

써 오히려 더욱 많은 것을 소유하게 되었다. 프로젝트 333을 시도한 사람들마다 경험한 것은 제각각 다르지만 대체로 다음과 같은 이야기를 들었다.

"아침에 시간이 여유로워졌어요." 챌린지를 시작하고 대부분의 사람들이 가장 먼저 느끼는 장점이다. 여러 종류의 옷을 입어보거나 무엇을 입을지 고민하면서 스트레스를 받는 대신 아침 식사와 명상을 하는 등 여유롭고 평화롭게 하루를 시작할 시간이 생긴다.

"돈을 더 많이 저축하게 되었어요." 당연한 이야기다. 나 또한 프로젝트 333을 시작한 이후 일주일에 한 번 하던 쇼핑을 3개월에 한 번 혹은 그보다 더 안 하게 되었다.

"관심 있는 일에 더 집중할 수 있게 되었어요." 겉모습과 차림새에 쏟아붓던 에너지와 집중력을 자기 자신과 자신이 중요하다고 생각하는 일에 쓰는데 당연한 일이다.

"사람들에게 칭찬을 더 많이 들어요." 이건 좀 의외였다. 나도 챌린지를 시작한 후 칭찬을 더 많이 들었다. 뿐만 아니라 칭찬의 결도 달라졌다. '목걸이가(혹은 신발이) 예쁘네요'라는 말 대신 '오늘 정말 멋지네요', '어딘가 달라 보여요. 좋아 보이는데요'라는 말을 자주 들었다.

"자신감이 생겼어요." 내면에 찾아오는 수많은 변화 중 하나일 뿐이다. 그동안 옷이나 겉모습에 너무 많은 권한을 부여한 나머지 자신감은 내면에서 자연스럽게 발산되는 것이라는 사실을 잊고 살았다.

변화는 이것만이 아니다. 프로젝트 333을 해본 사람들은 불안도가 낮아졌고, 사고의 명료함과 집중력이 향상되었다. 아이들에게도 더 관대해졌고, 전보다 더 잘 잔다는 사람도 있었다. 내가 직접 경험하고 사람들에게서 전해들은 다양한 변화는 셔츠, 신발, 스카프, 벨트 때문이 아니었다. 내면이 달라지면서 찾아온 변화였다.

언젠가는 시작해야 한다

미니멀리스트 패션 챌린지인 프로젝트 333은 옷장에서 시작하지만 패션이나 옷에 대한 것이 아니다. 옷장 속 아이템을 줄이는 것만으로도 얼마나 많은 스트레스가 사라지고, 많은 공간이 생겨나며, 돈을 절약하고, 새로운 기쁨을 누릴 수 있는지 경험하고 나면 도대체 왜 이제야 시작했는지 후회할지도 모른다.

물론 프로젝트 333은 옷장 속 물건을 덜어내는 데서 시작한다. 하지만 챌린지 후에 얻게 될 결실과 통찰력은 사실 옷장에 무엇이 걸려 있는지와는 별로 상관이 없다. 대신 좋은 것을 더 많이 소유하는 것이 중요함을, 덜어내는 삶이 사실 더욱 풍요로운 삶임을 깨닫게 된다. 더 많이 소유하는 것이 당신에게 해답이 되지 못했다면 이제는 비워내기를 도전해볼 차례다.

감정

emotion

03

옷 때문에 행복을 느낀 적이 있는가? 슬프거나 화가 나거나 죄
책감이 들거나 마음이 괴로운 적은? 나는 옷을 정리하고 나서
야 그 옷에 얼마나 많은 감정이 담겨 있는지 깨달았다.

옷장 속에 가지런히 놓여 있는 옷이 내게 스트레스를 준다고는
전혀 생각지 않았다. 돈 관리를 잘하지 못해서 스트레스를 받
는다는 건 알고 있었고, 일정이나 일, 인간관계에서 스트레스가
생긴다는 것도 알고 있었다. 하지만 설마 옷장이 내게 스트레스
를 준다고? 도리어 옷이, 아니 좀 더 구체적으로 말해 쇼핑이 스
트레스 해소법이라고 생각하며 살았다. 회사에서 끔찍한 하루

를 보냈다거나 실망스러운 소식을 듣거나 그저 삶을 살아내느라 지칠 때면 쇼핑은 내게 위로가 되어주었다. 새로운 물건이 내 기분을 전환해주고 행복하게 만들어줄 거라는 기대에 부풀었다.

옷장 속 아이템마다 나름의 추억이 담겨 있기도 했다. 신으면 발가락에 피가 안 통할 정도지만 고생고생하며 번 거금을 주고 산 신발이 있었다. 대학 때 샀던, 작아진 청바지는 몇 킬로그램만 감량하면 언젠가 욱여넣을 수 있을 거라고 기대하며 보관 중이었다. 고급 스카프 몇 장은 어떻게 둘러야 하는지도 모르면서 예쁘게 묶는 법만 배우면 차원이 다른 세련된 룩을 선보일 수 있을 거라고 믿었다. 재밌는 사실은, 행복해지기 위해 구매한 아이템이 결과적으로는 내게 불행만 안겨주었다는 것이다.

새 옷이 필요해서 쇼핑을 했던 게 아니다. 기분을 전환하려고, 지루한 일상을 그리고 좋아하지 않는 직업을 견디려고 쇼핑을 했다. 새로운 물건이 나를 더욱 행복하게 만들어주고 또 내 삶을 향상시켜줄 것이라고 믿었기에 쇼핑을 했다.

물건을 구매하고 소유하는 데는 감정적인 이유도 뒤섞여 있었다. 누군가 선물한 물건이 나한테 어울리지 않아도 상대가 보여준 애정과 존경의 상징으로 옷장에 걸어두었고, 이후 한 번도 입지 않았다는 죄책감에 시달렸다. 마침내 옷장을 비워야겠다고 결심했을 때는 입지도 않을 옷에 엄청난 돈과 에너지를 투자했다는 사실에 우울하고 괴로웠다. 내 몸에 맞지 않는 옷을 붙잡고서 투정을 부리고 싶었다. 내 옷장에는 지금 나에게 맞는 옷, 언젠가 입고 싶은 옷, 이렇게 최소 두 사이즈의 옷들이 전시되어 있었다. 수많은 옷에 지나친 감상주의가 더해져 옷장은 옷뿐만 아니라 감정과 정서가 진하게 응축되어 있었다.

옷장에서 감정을 꺼내보자

죄책감 너무 많은 돈을 써서, 그런데도 입지 않아서, 살 때는 예쁘다고 생각했는데 그때의 안목을 후회하면서, 아니면 그간 옷에 너무 많은 돈과 시간과 에너지를 소비했다는 생각에 죄책감을 느낄 수도 있다. 예전에는 최고의 핏을 자랑하던 옷이 이제는 안 맞아서 혹은 애초부터 어울리지도 않는 옷을 구매했다는 데서 죄책감이 찾아오기도 한다. 옷 한 벌을 입는 동안 우리가 우리 자신에게 하는 일은 완전히 미친 짓이나 다름없다.

좌절감 몸에 맞는 옷도, 예쁜 옷도 없다. 옷장을 둘러보고 한때는 좋아했던 옷들을 바닥에 잔뜩 늘어놓지만, 오늘 도저히 입을 수 있는 게 없을 때 '이런, 젠장!' 하는 생각이 드는 순간 말이다. 내 경험상 이런 감정은 옷 때문이 아니라 옷과는 완전히 무관한 일 때문에 생길 때가 많았다. 이제는 입을 옷이 없어서 좌절할 때면 잠시 나 자신을 되돌아본다. 정말 옷 때문인지, 아니면 나를 괴롭히는 다른 무언가가 있는지 생각해본다. 내 경우에는 실망스러운 소식을 들었거나 배가 고프거나 피곤할 때면 문제의 본질을 바로 알아채지 못하고 옷장 탓을 했다. 바보야, 문제는 옷장이 아니야!

슬픔 슬픈 기억이 담긴 옷을 보면 슬퍼진다. 전 애인의 옷이나 예전 회사에서 입었던 유니폼 등 말이다. 사랑하는 사람의 유품으로 남겨둔 옷에서 위안을 얻는 일은 거의 없다. 물건을 보관한다고 해서 사람을, 관계를, 과거의 일부를 계속 붙잡아둘 수 있는 것은 아니다.

옷장 문을 열기 전에는 이러한 부정적인 감정을 느끼지 못할 때가 많다. 옷을 보면 감정이 생겨난다. 최악인 것은 우리가 무언가를 의식하기 전에는, 정말 생각해보기 전에는 그 옷을 보면서 묘하게 마음이 무거워지는 이유를 결코 알 수 없다는 점이다. 너무나 일상적이고 평범한 일이라 이 부정적인 감정을 원래 그런가 보다 하고 받아들인다. 매일, 매달, 매년 우리는 그 불편함을 적당히 수용하고 무시하면서 살아간다. 무심코 자신에게 벌을 주면서도 그 이유조차 모르는 것이다. 무거운 감정을 마주하고 죄책감에 시달리면서 하루를 시작하고 싶지 않다면, 이런 감정을 불러일으키는 물건을 이제는 치워야 한다.

불편한 감정에서
해방되고 싶다면 버려야 할 것들

현재 당신의 몸에 맞지 않는 옷들. 맞지 않는 옷을 모두 치운다. 옷이 너무 큰가? 또는 작은가? 어느 쪽이든 모두 치워라. 갑작스런 체중 변화로 골머리를 앓고 있다 해도 자신을 너무 몰아붙이지 않길 바란다. 작은 옷을 입는다고 당신의 몸이 작아 보이는 것도 아니고, 큰 옷을 입는다고 커 보이는 것도 아니다. 지금 현재의 당신이란 사람, 당신의 몸을 받아들이고 그에 맞춰 옷을 입을 때 어떤 변화가 찾아오는지 살펴보길 바란다. 몸이 달라진다면 그에 맞게 옷을 바꾸면 된다. 그러라고 옷은 다양한 사이즈가 있는 것이다.

선물 받고 한 번도 입지 않은 옷들. 선물과 함께 상대가 전한 마음을 감사히 받아들이고 정리해야 한다. 절대 입지 않을 옷이라면 처분하는 게 맞다. 한마디 덧붙이자면, 다 큰 성인들끼리 취향도 모르면서 옷을 선물하는 일은 그만하는 게 어떨까?

현재의 라이프 스타일에 맞지 않는 옷들. 과거에 누렸던 삶 또는 앞으로 바라는 삶에 어울리는 옷을 붙잡고 있는가? 지금 현재의 삶에 어울리는 옷을 입는다면 한결 편안하고 품위 있는 삶을 만들어나갈 수 있을 것이다.

경제적으로 감당할 수 없는 옷들. 다시 물욕이 꿈틀댈지도 모른다. 지금 치우지 않으면 앞으로도 계속 그 대가를 치러야 할 것이다. 당신은 이미 충분한 비용을 치렀다.

슬프거나 우울하게 만드는 옷들. 옷장 속 아이템 때문에 슬펐던 일이나 힘들었던 시절이 떠오른다면 또는 당신이 어딘가 부족한 사람처럼 느껴져 우울해진다면 당신이 자초한 것임을 깨달아야 한다. 무엇이든 당신이 허용한 만큼 경험하기 마련이다. 그런 아이템은 치워버리고 부정적인 감정도 떨쳐내라.

물건과 쇼핑은 당신을 행복하게 해주지 않는다

온갖 감정에 시달릴 때 당신의 몸은 '우리 쇼핑이나 하러 가자'고 말하지 않는다. '나를 좀 돌봐줘'라고 말한다. 마음이 진정으로 바라는 것이 무엇인지 귀를 기울인다면 쇼핑몰이나 인터넷 쇼핑 사이트는 결코 답이 아니라는 사실을 깨닫게 될 것이다. 당장은 임시 해결책이 될 것 같아도 이런 방법은 효과가 오래가지 않을뿐더러 죄책감, 분노, 좌절감만 더 가져올 뿐이다. 대신 진정한 힐링과 자기돌봄에 집중해야 한다. 그 시작점으로 해볼 수 있는 몇 가지를 예로 들면 다음과 같다.

- 목욕한다.
- 삼림욕이나 장거리 산책을 한다.
- 혼자만의 댄스 파티를 연다.
- 피부 마사지를 받거나 집 안에 초를 켜고 잔잔한 음악을 틀어 작은 휴식처로 꾸민다.
- 우울할 때조차 당신을 웃게 만들어주는 사람에게 전화한다.
- 과거의 또는 미래의 자신에게 편지를 쓴다.
- 남을 돕는다.
- 늦잠을 잔다.

위에 나온 자기돌봄을 우울하지 않을 때도 수시로 해보면 회복력이 쌓이고, 지치고 힘든 날도 잘 견딜 수 있다. 수많은 광고와 마케팅은 우리의 고통을 치유해준다고 떠들지만, 잠시 멈춰 자신의 마음이 하는 말을 들어보면 스스로 치유에 이를 수 있다. 마음이 전하는 말을 듣고 그 말을 따라가다 보면 자신에게 가장 필요한 것이 무엇인지 깨닫게 된다.

물건을 정리해보라. 그제야 당신이 그 물건들과 함께하며 매일 어떤 감정을 마주했는지 깨닫게 될 것이다. 처음에는 텅 빈 듯 어색한 그 공간에 안도감이 찾아들기 시작하면 비로소 본연의 자신을 만날 수 있을 것이다.

에코

eco

04

나는 처음에 '환경'을 생각해 프로젝트 333을 시작한 것이 아니다. 다만 이 프로젝트는 실제로 환경에 여러 가지 이로운 점이 많다. 옷을 줄이는 것은 당신뿐 아니라 지구에도 좋은 일이기 때문이다.

지구를 위해 우리가 할 수 있고 고려할 수 있는 일은 많다. 그중에서 옷을 적게 소유하고 폐기물을 줄이는 것은 굉장히 친환경적인 행동이다. 섀넌 로어Shannon Lohr(인스타그램 @factory45co)의 '지속 가능한 패션 팩트Sustainable Fashion Facts' 프로젝트가 전하는 진실을 살펴볼 필요가 있다. 기업인인 섀넌은 지속 가능한 패션 사업의 시작부터 런칭까지를 이끄는 온라인 창업 프로그램 '팩토리45Factory45'의 창립자다. 내 친구이기도 한 그녀는 친환경적 패션에 관해서라면 모르는 게 없는 전문가다.

- 매년 세계에서 소비되는 의류는 800억 벌이다.
- 버려진 의류 가운데 95퍼센트는 리사이클과 업사이클이 가능하다.
- 매년 의류 생산에 쓰이는 물로 올림픽 수영장 3,200만 개를 채울 수 있다. 한편 안전한 식수 부족에 시달리는 사람들은 11억 명이다.
- 미국 여성은 평균적으로 자신이 가진 옷의 20퍼센트만 입는다.
- 옷을 9개월만 더 입어도 탄소, 물, 폐기물 발자국을 각각 20~30퍼센트까지 줄일 수 있다.
- 흔히 볼 수 있는 폴리에스테르 소재의 의류는 분해되기까지 200년이 걸릴 수 있다.
- 청바지 한 벌을 만드는 데는 한 사람이 3년간 변기에 쓰는 물이 소비된다.
- 25달러짜리 티셔츠를 만드는 노동자의 임금을 두 배로 올

려도 티셔츠 가격은 고작 1.35달러 높아진다.

미국의류및신발협회American Apparel & Footwear Association에 따르면, 연간 1인당 의류 소비량은 평균 65벌이라고 한다. 거의 새 옷장 하나를 채우는 양이다. 그런데 과연 매년 새 옷장이 필요할까? 처음에는 이런 통계 수치나 나의 소비가 다른 대상이나 사람들에게 어떤 영향을 미칠지 생각하지 않았다. 쇼핑을 하면 행복해지는 그 감정에만 충실했다. 당연히 나를 행복하게 만드는 일을 하는 데 죄책감은 들지 않았고, 관심도 없었다. 처음에는 말이다. (여담을 하나 말하자면, 사람들이 처음 프로젝트 333의 '3개월 동안 33개 아이템' 규칙을 듣고 나면 3개월마다 33개 아이템을 변경하거나 새로 구매하는 것으로 오해하는 경우가 있다. 절대 아니다. 뒤에서 자세히 설명하겠지만 우리의 목표는 소비와 옷장 속 소유물을 줄이는 데 있다.)

패션 업계의 이면을 파헤치기 전에 나는 자신을 더욱 잘 돌볼 방법부터 찾아야 했다. 쇼핑과 새 물건은 나를 그리 오랫동안 행복하게 해주지 못했다. 그 사실을 알게 되자, 내가 기분이 안 좋을 때나 심심하거나 우울할 때 등 수많은 감정에 휩싸일 때 해소할 방법을 찾는 것이 쉬워졌다. 그 순간의 감정을 느끼길 거부하거나 그 감정에 덜 매몰되고 싶다는 것이 아니었다. 그때의 감정을 제대로 처리할 방법을 찾고자 했던 것이다.

숲속을 산책하고, 낮잠을 자거나, 물을 한 잔 마시는 것은 우리의 영혼을 충만하게 만들어준다. 그 효과는 정말 놀라울 정도다. 사실 우리가 느끼는 고통을 해결하고 자신을 돌보는 데는 그리 대단한 무언가가 필요한 게 아니었다. 작가인 글레넌 도일 Glennon Doyle은 이렇게 말했다.

"극적인 생각에 빠지곤 했다. 문제가 생기거나 기분이 별로일 때면 이사를 한다거나 새 가족이 필요하다거나 새 종교, 새 집이 문제를 해결해줄 것이라고 믿었다. 모든 것이 엉망이었으니 새로운 출발이 필요했다. 하지만 내게 진정으로 필요한 것은 그저 물 한 잔과 같은 사소한 것이었다."

그런데 나에게는 그 해결책이 '소비'였던 것이다.

"상사가 나한테 막 화내는 거 있지. 내가 제일 좋아하는 가게에 가서 내 월급에는 과분하지만 엄청 비싼 옷을 골라야겠어. 어쩌면 앞으로 절대 입지 않을 것 같지만 그래도 내 기분이 얼마나 나쁜지 똑똑히 보여주고 싶으니까."

"남자친구가 나를 차다니, 하하하. 마음 정리가 필요해. 지금까지 해보지 못한 최고급 여행을 떠날 거야."

자신의 삶에서 무엇을 얻고 싶은가? 생각해보지 않았으니 당신은 최신형 휴대폰으로 바꾼 것이다. 날렵하고 번쩍이는 신발을 지체 없이 카드로 긁은 것이다.

패스트 패션의 대가

기존 옷장을 친환경적인 옷장으로 탈바꿈하는 데는 비용이 들 수 있다. 선택지도 너무 광범위하다. 따라서 옷장 전체를 바꾸기보다는 한 벌씩 옷을 천천히 바꿔나가는 것이 낫다. 당신이 할 수 있는 가장 친환경적인 행동은 지금 갖고 있는 아이템을 최대한 활용해 소비를 줄이는 것이다. 쓸 수 있는 만큼 사용한 뒤 교체해야 할 때가 오면 에코 패션의 전문가, 섀넌 로어가 제안한 다음의 질문을 떠올리는 것이다.

- 어디서 만들었는가?
- 어떻게 만들었는가?
- 어떤 소재로 만들었는가?
- 유행을 타지 않는 아이템이라 앞으로 오래 입을 수 있는가?
- 옷장에 비슷한 아이템은 없는가?

당신의 니즈도 물론 고려해야 한다. 아래의 질문에 답한다면 적게 소비하고도 만족할 수 있다.

- 내 몸에 잘 맞는가?
- 입으면 기분이 좋아지는가?
- 즐겨 입는가?
- 여러 용도로 활용할 수 있는가?

섀넌은 팩토리45뿐만 아니라 윤리적이고 지속 가능한 패션 아이템을 한 곳에서 구매할 수 있도록 마켓45라는 원스톱 상점도 열었다. 비용적인 측면에서 보면, 친환경 패션의 문턱이 낮아지고 있지만 아직 패스트 패션에 비할 바는 아니다. 하지만 무엇이든 대가를 치러야 한다는 것만은 명심하길 바란다. 당신이 1달러를 아꼈다면 누군가 그 대가를 대신 치르고 있다는 뜻이다. 진실을 알고 싶다면 패스트 패션의 인권 침해를 다룬 다큐멘터리 〈더 트루 코스트The True Cost〉를 시청하길 바란다.

나 역시 그랬다. 가장 좋아하는 백화점에서 평범한 화이트 버튼다운 셔츠를 둘러보면서 지구 반대편의 평범하지 않은 환경에서 누군가 천을 표백하고 셔츠 버튼을 달면서 실제로 그 옷을 만들고 있다는 것은 한 번도 생각해보지 못했다. 나는 그 옷들이 기계로 순식간에 제작되는 줄 알았다.

음식도 마찬가지다. 하나의 음식이 내 식탁에 오르기까지 어떤 과정을 거치는지 채식주의자가 되기 전에는 전혀 생각해본 적이 없다. 식품 산업이 동물과 사람, 지구에 얼마나 큰 영향을 미치는지 알지 못했다. 심지어 그들의 상관관계를 알고 난 뒤에도 내 삶이 당장 바뀐 것은 아니었다. 한동안 소고기를 먹지 않았고, 이후 돼지고기, 닭고기도 멀리하려고 노력했다. 그런 과정을 거치는 동안 육식 소비를 줄이면서 내가 어떤 변화를 만들어내는지 찾아보았다. 그리고 이를 계속 지속하기 위해 나 자신에게 영감과 동기를 줄 방법을 찾았다. 이제는 옷장과 화장품을 대상으로 이러한 노력을 계속하고 있다.

변화란 새로운 습관이 자리 잡기까지 힘든 순간들이 너무나 많다. 하지만 천천히 신중하게 접근해간다면 생각만큼 어려운 일도 아니다. 당신의 옷장과 삶을 어떻게 변화시키고 싶은지 고민하며 인내심을 발휘하고 호기심을 가져야 한다. 스스로에게 그리고 이미 변화에 성공한 사람들에게 질문을 할 줄도 알아야 한다.

작은 노력이 중요하다는 사실도 잊어선 안 된다. 이를테면 당신이 호기심을 갖고 있는 분야의 글을 하루에 한 편씩 30일 동안 읽는다면, 당신의 마인드셋과 세상을 바라보는 방식은 달라지고 마침내 더욱 큰 변화를 만들어낼 수 있게 된다.

무엇이든 단숨에 이루어야 하는 것은 아니다. 프로젝트 333을 시작하며 옷장 속 여분의 아이템을 모두 치우라고 말하지 않는 이유도 이 때문이다. 우선 소유물을 줄이는 대신 적은 아이템만으로 옷을 입어보는 환경을 만들기 바란다. 내가 옷장 속에서 내 손길을 기다리던 옷을 모두 버리고 친환경적 의류들로 채워 넣지 않은 데도 이유가 있었다. 만약 그렇게 했다가는 더 커다란 폐기물 발자국이 남기 때문이다. 이는 더 많이 소비함으로써 지구에 더 많은 쓰레기를 버리는 셈이다. 전부 기부한다 해도 이 역시 얼마 지나지 않아 쓰레기 매립지로 갈 가능성이 높다.

쓰레기 이야기가 나와서 말인데, 누군가 내게 더 적게 소유하면서도 더 자유롭게 살려면 어떻게 해야 하는지 물은 적이 있다. 그녀는 이렇게 말했다.

"쓰레기를 만들고 싶지 않아요."

그녀의 말에 나는 이렇게 대꾸했다.

"무언가를 샀다면 이미 쓰레기를 만든 셈이에요."

이는 우리 모두에게 적용된다. 창의적인 방법으로 물건을 재사용하고 처리하는 기술을 개발하지 못한다면 언젠가 이 세상은 전부 쓰레기로 뒤덮이게 될 것이다. 그렇다고 소유물을 쌓아두고 처분하지 말라는 의미가 아니다. '소비, 기부, 소비, 기부'의 사이클을 끊어낼 방법을 찾아야 한다는 뜻이다.

리사이클링과 업사이클링

앞서 언급했듯이 섀넌의 지속 가능한 패션 팩트에 따르면, 모든 의류의 95퍼센트는 리사이클과 업사이클이 가능하다. 그냥 버리는 것이 가장 쉬운 방법이지만, 조금만 창의력을 발휘하면 당신의 옷을 달리 처분할 방법을 찾을 수 있다. 몇 가지 아이디어를 예로 들면 다음과 같은 웹사이트들이 있다. 더 많은 리사이클링 및 업사이클링 관련 아이디어를 얻고 싶다면 내 블로그 비모어위드레스에서 확인할 수 있다.

- 미스티 놀렌Misti Nolen(인스타그램 @recycledyarn)은 오래된 스웨터의 실을 풀어 재사용한다.
- 리뉴얼 워크샵renewalworkshop.com에서는 버려진 옷과 겉옷을 '리뉴얼'해 재탄생시킨다.

- 프로젝트 리팻projectrepat.com은 쓰레기장에서 티셔츠를 수거해 멋진 퀼트 제품으로 변신시킨다.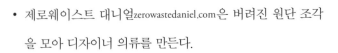
- 팩토리45의 리제너러스 디자인regenerousdesigns.com은 디자이너가 사용 후 쓰레기로 버려질 남은 원단을 활용해 액세서리와 주얼리를 만든다.
- 제로웨이스트 대니얼zerowastedaniel.com은 버려진 원단 조각을 모아 디자이너 의류를 만든다.
- 리커버recovertex.com는 폐원단을 풀어 새 실을 만든다.

그럼에도, 비워야 한다

쓰레기를 만드는 데 일조하고 싶지 않다고 해서 입지도 않을 옷을 쌓아놓을 필요는 없다. 옷이 가장 잘 사용될 만한 곳으로 가길 바라는 마음은 알지만, 완벽한 기회를 기다리기보다 다른 용도로 수선하거나 가장 나은 선택지로 보내는 것이 현명하다.

원하지 않거나 필요하지 않은 물건을 끌어안은 채 시간을 낭비할 바에야 처분하는 것이 지구에 훨씬 더 도움이 된다. 주변에 기부 가능한 곳을 찾아보거나 내 블로그에 소개한 다양한 기부처를 참고해도 좋다. 짐작컨대 이 책을 읽는 독자라면 자신의 삶은 물론 이 세상을 개선할 수 있는 방법을 알고 싶어 하는 사람일 것이다. 당신이 한결 가볍게 세상을 살아가겠다고 마음먹었다면, 지구와 당신을 더 잘 보살피고 다른 사람들에게 롤모델이 될 수 있는 방법을 찾을 수 있을 것이다.

슬로 패션과 친환경 패션에 대해 더 많이 알고 싶다면(직접 찾아볼 시간이 없다면 더더욱) 프로젝트 333의 에코 전문가인 섀넌 로어의 인스타그램(@factory45co)을 참고하길 바란다. 지혜가 가득한 그녀의 환경친화적인 아이디어를 당신도 좋아하게 될 것이다.

의사결정

decisions

05

성인은 하루 평균 3만5,000가지의 선택을 내린다. 우리가 그토록 피로를 느끼는 게 당연하다. 음식, 돈, 가족, 건강, 일, 거기에 옷까지 우리는 수많은 결정과 선택지 사이를 오가며 힘들어한다.

선택지가 있다는 것은 좋은 일이지만 너무 많을 때는 수확 체감의 법칙을 경험하게 된다. 선택할 자유가 주어진 것은 분명 행운이지만,《점심메뉴 고르기도 어려운 사람들》의 저자 배리 슈워츠Barry Schwartz에 따르면 이 자유 덕분에 우리가 더 행복해지는 것은 아니라고 한다. 슈워츠는 말한다.

"선택권이 없을 때 삶은 견딜 수 없다. 소비 문화 속에서 다양한 선택지가 늘어날수록 이 다양성이 불러오는 자율성, 통제력, 해방의 힘은 강렬하고도 긍정적이다. 하지만 선택지가 계속 늘어나면 부정적인 측면이 대두되고 우리는 짓눌리기 시작한다. 이제 선택은 우리를 해방시키는 것이 아니라 우리를 좀먹고 있다."

의사결정 피로를 경험한 적 있는가? 지독한 피로를 느끼면 다 포기하고 더 이상의 선택을 피하기 위해 멍하니 볼 수 있는 TV를 켠다. 또는 머릿속의 전원을 끌 수 있는 다른 대상을 찾는다. 이 역시 단 몇 분, 몇 시간만이라도 아무런 감정을 느끼지 않고 결정을 내리지 않기 위한 또 하나의 선택이다.

의사결정 피로는 실재하는 개념이다. 더는 무엇도 결정할 수 없을 정도로 피로를 느끼지 않더라도 선택지가 많으면 의사결정의 질은 떨어진다. 우리는 대부분의 의사결정이 회사 업무, 이메일 처리 등 의무감에서 비롯된 외부 일이라고 생각한다. 하지만 우리가 스스로 의사결정 피로를 무겁게 만들기도 한다. 부족한 계획성, 과도한 소유물로 삶을 가득 채우는 것, 약속, 선택, 혼란이 의사결정 피로를 높이고 우리를 지치게 만든다.

선택지를 단순화한다면 더 중요한 결정 앞에서 명확하게 판단할 수 있다. 또한 우리가 더욱 마음 써야 할 상황이 닥쳤을 때 의사결정 피로에 대한 회복력을 높일 수 있다. 예를 들면 하루에 몇 번이나 무엇을 먹을지 결정하지 않고 일주일 내내 비슷한 메뉴를 먹는 것이다. 이메일이나 소셜미디어를 확인하는 횟수를 줄일 수도 있다. 외출 전에 몇 번이나 옷을 갈아입고, 미팅이나 행사에 어떤 옷을 입을지 스트레스를 받는다면, 너무 많은 선택지가 있는 옷장이 의사결정 피로를 더하고 있을 확률이 높다.

프로젝트 333이 옷장에 관한 의사결정 피로를 없애주겠지만 이외에도 다른 방법은 많다. 프로젝트 333으로 의사결정 피로에서 해방된 옷장을 꾸리거나, 아래에 소개된 의사결정 피로에서 자유로운 혹은 의사결정이 가벼워지는 방법을 하나 이상 시도해보길 바란다.

유니폼을 만든다. 세계적인 리더, CEO, 기업인 외 수많은 이들이 직접 유니폼을 제작해 입는 이유가 있다. "오늘 뭐 입지?"라는 질문에서 해방되기 때문이다. 아이를 키우며 수많은 선택을 내려야 하거나 비즈니스 전략을 세우거나 지역사회에 이바지하고 있다면, 옷이라는 사소한 문제에 많은 시간을 낭비하고 싶지 않을 것이다.

뉴욕에서 활동하는 아트디렉터 마틸다 칼Matilda Kahl은 〈하퍼스

바자〉에서 자신이 왜 매일 같은 옷을 입고 일하는지 밝혔다. "업무용 유니폼이라는 단순한 선택 덕분에 '오늘은 대체 뭘 입어야 하지?'라는 셀 수 없는 고민의 시간을 덜어냈어요. 실제로 매일 이 블랙 팬츠와 화이트 블라우스를 입으면서 제 삶을 스스로 통제하고 있다는 기분이 들어요." 그녀는 또한 이렇게 덧붙였다. "솔직히 업무용 유니폼이 독창적인 아이디어는 아니잖아요. 수년간 회사에 한 가지 옷을 입고 다니는 사람들이 꽤 많아요. 사람들이 수트라고 부르는 거요."

계절에 맞는 옷만 옷장에 둔다. 여름에 원피스를 찾으려고 스웨터 사이를 헤집거나 샌들 사이에서 겨울용 부츠를 찾아야 할 필요가 없다. 입지 않을 옷을 안 보이는 곳에 치운다면 실제로 그 옷이 필요한 날이 올 때까지는 잊고 지낼 수 있다.

단색으로 입는다. 다양한 색과 패턴의 옷을 입어야 한다는 부담감을 느낄 필요가 없다. 올 블랙, 올 블루, 올 화이트 또는 당신이 가장 좋아하는 색 하나로만 입어도 된다.

생각을 다른 데 집중시킨다. 옷에 대해 어떤 생각을 하고 있는지 인식한다. '입을 게 하나도 없어.' '늘 똑같은 옷이 지겨워.' '새 옷 하나 정도 살 자격이 있어.' '내가 오늘도 이 옷을 입으면 사람들이 다 알아챌 거야.' 이런 생각들이 떠오른다면 의식을 다른 곳에 집중시킨다.

이제 옷은 이미 충분하고, 옷보다 더 중요하게 집중해야 할 대상이 있음을 떠올린다. 새 옷을 산다고 해서 지루함이 해결되는 것도 아니고, 당신은 새 옷보다 더 큰 것을 누릴 자격이 있다. 그리고 당신이 무슨 옷을 입었는지 아무도 관심을 갖지 않는다는 것을 명심해야 한다.

쇼핑을 줄인다. 옷장에 있는 수백 가지 아이템 중에서 하나를 고르는 것은 충분히 사람을 지치게 하는 일이다. 옷가게에서 수천 가지 또는 인터넷 속 수백만 가지 아이템 중에서 쇼핑을 하는 것은 어떻겠는가? 이 책을 쓰는 지금 아마존에 셔츠를 검색하니 30만 개가 나오고, 구글에 '블랙 원피스'를 입력하니 2억 9,100만 개의 옵션이 뜬다. 물론 검색 결과를 좁혀나가겠지만 이것 또한 의사결정이 필요한 일이다. 프로젝트 333을 실천하면 새로운 계절을 맞아 정말 필요한 옷으로만 3개월에 한 번 혹은 그보다 적게 쇼핑을 하는 것이 가능해진다.

왜 우리는 옷에 그토록 많은 에너지를 쏟을까

만족감이 낮거나 불안하기 때문이다. 마케터들은 우리가 늘 부족하다고, 어떤 제품을 소유하거나 입으면 행복하고 만족하게 될 거라고 끊임없이 상기시킨다. 1970년대에는 하루 500개의 광고 메시지에 노출되었던 데 반해(이것도 사실 적지 않은데), 현재는 5,000개의 광고에 노출되고 있다. 전직 광고 책임자로서 말하건대, 광고 에이전시, 매거진, 광고판 등 마케팅 메시지의 목표는 기업이 제공하는 제품을 구매하면 더 나은 사람이, 더 아름답고, 더 성공하며, 더 사랑받는 사람이 될 수 있다고 소비자를 설득하는 것이다. 우리 스스로 '이제 그만'이라고 외치기 전까지 저들의 의도는 계속해서 성공을 거둘 것이다.

다른 사람이 어떻게 생각하는지 지나치게 신경 쓰기 때문이다. 옷을 통해 내가 어떤 사람인지 보여주려던 노력은 결실을 맺지 못했다. 이 챌린지를 시작할 당시, 나는 굉장히 부유한 고객층을 대상으로 한 매거진 광고 분야에서 일하고 있었다. 내가 3개월간 몇 가지 아이템을 돌려 입어도 어느 누구도 눈치채지 못했다. 내 동료, 내 고객도 전혀 몰랐다. 내가 무엇을 입었는지 의식하는 사람도, 관심을 두는 사람도 없었다.

작은 캡슐 옷장을 활용한다면 매일같이 당신이 좋아하는 옷을 입을 수 있다. 거기에 결정의 피로도 줄일 수 있다. 더욱 중요한 의사결정, 창의적인 아이디어, 문제 해결을 위해 두뇌 능력을 아껴야 한다. 우리에게 진정으로 중요한 대상에 집중하지 못하도록 의식을 분산시키는 것들에 한계를 설정할 때 소중한 대상에 몰입할 능력은 무한해진다.

미친 짓일까?

crazy

06

'~을 하는 건 미친 짓일까?'

이 질문은 내 삶을 굉장한 변화와 모험의 세계로 인도했다. 이제는 '~을 하는 건 정신 나간 짓일까?'라는 생각이 들 때마다 새어 나오는 미소를 참을 수가 없다. 과거에는 이런 생각이 들 때면 너무 두려워져 금방 생각을 멈추기 일쑤였다. '~을 하면 미친 짓일까?'라는 생각이 일면 이내 '그만! 미친 짓이야. 이성적으로 생각해. 현실성 있게 굴라고.' 이렇게 선을 그었다.

그러나 몇몇 미친 생각을 실제로 시도하며 멋진 일들을 경험한 뒤부터는 이런 질문이 찾아올 때마다 그 즉시 '미친' 아이디어가 불러올 가능성에 푹 빠지곤 한다. 건강을 잃고 정신이 번쩍 들기 전까지만 해도, 빚을 청산하고 잡동사니를 없애고 삶을 소박하게 만들기 전까지만 해도 나는 이런 미친 생각을 대부분 묵살했다. 대신 계획대로 삶을 살았다. 열심히 일하고, 한 계단씩 사다리를 오르고, 사람들을 기쁘게 하고, 수입과 지출에 맞춰 생계를 꾸리며 누구나 흐뭇하게 여길 일들을 했다. 즉 진정으로 필요한 것은 등한시한 채 교과서처럼 '정석대로' 하려고 스스로를 몰아붙였다.

삶을 소박하게 만들며 시간과 여유를 찾고 나자 '~을 하는 건 미친 짓일까?'라는 질문을 좀 더 자주 진지하게 고민해보기로 결심했다. 더는 평범하게, 남들과 똑같이 살고 싶지 않았기 때문이다. '올바른' 길은 우리 가족에게는 그다지 어울리지 않았다. 평범함이 나를 행복하게 해주지도, 건강하게 만들지도 않았다. '평범'의 정의를 다시 생각해보던 나는 내가 남들처럼 성공하려고 노력하고 있었음을 깨달았다. 다른 사람들이 정의한 성공을 그대로 따르고 있었다는 것도 알게 되었다.

내가 실제로 도전해서 결국 멋진 결과로 만들어낸 몇 가지 '미친' 아이디어는 다음과 같다.

집을 팔면 미친 짓일까? 집을 매매했고, 기존 집의 반도 안 되는 크기에 수납 공간도 없는 아파트로 이사를 했다. 이제 우리 가족은 자유 시간을 정말 자유롭게 쓰고 있다.

회사를 그만두면 미친 짓일까? 16개월 동안 탄탄한 출구 전략을 세운 뒤 회사에 퇴사를 통보하고 20년 가까이 몸담았던 커리어에서 벗어났다. 두려웠냐고? 물론이다! 그럴 만한 가치가 있었냐고? 그건 더더욱 물론이다!

3개월간 33개 아이템 이하로만 입으면 미친 짓일까? 2010년, 프로젝트 333을 시작했다. 그동안 이 미친 아이디어 덕분에 얼마나 많은 돈과 시간을 절약했는지 가늠하기가 어려울 정도다. 결과적으로 당신이 이 책을 읽고 있는 것도 가능해졌다.

내 미니 옷장을 갖고 투어를 한다면 미친 짓일까? 2015년 1월, 작은 캡슐 옷장과 함께 33개국을 방문하겠다는 다짐을 했다. 마침내 35개국을 여행했고, 앞으로 더 많은 나라를 방문할 예정이다. 그동안 나와 가치관이 비슷한 멋진 사람들을 만났고, 낯선 도시를 탐험했으며, 옷을 줄이고 삶을 단순화한 후 얼마나 멋진 변화들이 찾아왔는지를 공유했다.

겨우 몇 가지 이야기만 소개한 것이고, 앞으로도 미친 아이디어들이 계속 떠오를 것이다. '~을 하는 건 미친 짓일까?'라는 생각이 들 때 내 기본 반응은 '절대로 할 수 없을 거야'다. 절대 할 수 없을 것 같다는 생각이 든다면 제대로 된 아이디어가 찾아왔다는 의미다. 나는 이제 '이건 정신 나간 짓이야'라는 생각이 들 때면 관련 정보가 더 필요하고, 내가 성장하고 변화하는 데 도움이 될 새로운 분야를 발견했다는 뜻임을 너무나 잘 알고 있다. 프로젝트 333도 마찬가지다. 이 프로젝트를 접하면 다음의 단계를 거친다. 각 단계마다 얼마나 머무를지는 사람마다 다르다.

- 미친 짓이야.
- 음, 조금 궁금은 한데.
- 세상에, 왜 이제야 시작할 생각을 했을까? 정말 멋진 아이디어야!

가혹하다고 평가하는 사람들에게

〈보그〉 마케팅 디렉터는 프로젝트 333을 '가혹하다'고 평가하며 '대다수의 사람이' 할 수 없는 일이라고 말했다. 이 챌린지를 미쳤다거나 불가능하다고 묵살하는 사람도 있었을 것이다. 하지만 전 세계 수만 명의 사람들은 다르게 생각했다. 이상하거나 미쳤다고 말할 순 있지만 가혹한 일은 아니다. 옷을 줄인다는 것은 희생이 아니고, 놀랍게도 이 '챌린지'는 많은 사람들에게 그다지 도전적인 일도 아니었다.

정말 가혹하다고 또는 극단적이라고 말해야 할 일은 따로 있다. 우리의 집중력을 앗아가는 일들, 우리의 삶을 긍정적으로 변화시키지 않는 일들이 그렇다.

| 가혹한 일이란 이런 것이다 |

입지 않을 옷을 빚을 내 산다. 빚이 한창 많을 때 "남의 신발을 신고 1마일을 걸어라"•라는 말이 완전히 새롭게 다가왔다. 실제로 내 소유의 신발이라고 할 수 있는 게 없었다. 옷장에 걸린 대부분의 옷도 마찬가지였다. 당시 나는 신용카드 최소 결제 금액에 맞춰 돈을 납부했고, 여기에는 옷 결제 대금은 포함되지도 않았다. 더욱 기가 막힌 것은, 한 달 한 달 간신히 버티면서도 새 청바지나 완벽한(사실 그리 완벽하지 않은) 블랙 미니 드레스를

• 남의 신발을 신고 1마일을 걸어보기 전에는 상대를 판단하거나 비판하지 말라는 인디언 속담에서 유래한 말로, '역지사지易地思之'의 의미. - 옮긴이

보면 미소를 띠고 덥석 달려들었다는 것이다. 옷장에는 아직 사놓고 한 번도 안 입은 옷이 있었는데도 말이다. 심지어 카드 할부도 끝나지 않은 옷이었다. 이것이야말로 가혹한 일이다.

허리 사이즈로 우리의 가치를 평가한다. 체중계 위의 숫자나 바지 핏으로 하루의 기분이 좌우된 적이 얼마나 많았던가? 요즘 들어 그런 분위기가 조금씩 달라지고 있는 듯하다. 나는 어릴 때부터 시중에 소개된 다이어트 방법은 모두 시도해보며 치수를 줄이려 노력했다. 그럼에도 체중계에 올랐을 때나 옷을 입어볼 때, 갖고 있는 옷이 잘 맞지 않을 때면 자괴감에 빠지곤 했다. 내 신체 사이즈가 나를 대변한다고 생각했다. 이것이야말로 가혹한 일이다.

옷을 입을 때 규칙에 얽매인다. 왜 체형, 피부 톤, 나이에 맞게 옷을 입어야 하는가? 왜 항상 더 말라 보이게 입어야 하고, 날씬하게 보일 만한 아이템을 찾아야 하는가?《아름다움을 넘어서: 외모 지상주의 사회에서 더욱 행복하고 자신감 넘치는 자신의 모습을 찾는 법Beyond Beautifu》에서 저자인 아누슈카 리스Anuschka Rees는 이렇게 적었다.

"매거진에 자주 등장하는 이야기이자 대화 주제로 항상 입에 오르는, 체형에 '어울리게' 옷을 입어야 한다는 개념은 개인이 좋아하는 옷, 자신을 표현할 수 있는 옷, 패션으로 즐거움을 누릴 수 있는 옷을 입는 것보다 현대 사회의 이상에 따라 마르고 매력적으로 보이는 게 더 중요하다는 믿음이 사람들에게 두려움을 느낄 정도로 깊이 뿌리 내렸음을 보여준다." 이것이야말로 가혹한 일이다.

나는 내가 생활할 수 있는 옷, '내 몸이 맞춰야 하는' 옷이 아니라 있는 그대로의 내 몸에 맞는 옷을 선호한다. 광고를 만드는 담당자와 구매를 유도하는 마케터도 자신이 판매하는 상품을 입지 않는다. 정말이다. 그들이 파는 것은 옷이 아니기 때문이다. 그들은 느낌이나 라이프 스타일을 판매한다.

당신에게 없다고 말하는 그 실체 없는 무언가가 사실은 만들어진 가짜라는 것을 그들은 잘 알고 있다. 그들은 당신이 무언가 결핍되었다고 생각하게 만든다. 그리고 자신들이 제공하는 것을 구매하도록 유도하는 데만 혈안이 되어 있다. 이것이야말로 가혹한 일이다. 당신이 처음에는 잘 이해하지 못하는 프로젝트 333이나 다른 챌린지, 라이프 스타일을 '가혹한', '극단적인', '불가능한'이라고 꼬리표를 붙이는 것은 변화를 향한 당신의 호기심, 결심, 욕망을 무시하는 것이다.

미니멀리스트 패션 챌린지는 가혹한 것이 아니다. 하나의 실험이다. 올바르게 접근한다면 즐거움과 함께 존재하는 줄도 몰랐던 새로운 문을 열게 될 것이다.

| '절대로 안 될 것 같은 일'에 도전해야 하는 이유 |

물론 '절대로 안 된다'는 생각이 타당하고 이성적일 때도 있다. 특히 자신에게 해로운 행동에 관해서만큼은 더욱 그렇다. 이런 경우를 제외하고는 '절대로 안 된다'는 말은 보통 자기 자신을 가로막는 잘못된 믿음일 때가 많다. '절대로'라는 말을 쓸 때마다(아마도 당신이 생각하는 것 이상으로 자주 쓰고 있을 것이다) 주의를 기울이길 바란다.

'절대로'는 우리의 건강, 성과, 사랑, 행복을 앗아가는 단어다. '절대로'는 우리를 현실에 만족하게 만들고 안주하게 만든다. 당신이 '절대로 안 된다'고 여기는 일을 시도하는 게 두렵다면, 우선 적어놓고 나중에 다시 살펴보면 된다.

내가 그리고 다른 사람들이 말했던
'절대로 안 되는 일들'

- 나는 절대로 채무에서 자유롭지 못할 거야.

- 나는 절대로 회사를 그만둘 수 없을 거야.
- 나는 절대로 고기, 설탕, 빵(당신이 제일 좋아하는 음식)을 포기하지 못할 거야.
- 나는 절대로 사업을 시작할 수 없을 거야.
- 나는 절대로 이 동네를 떠나지 못할 거야.
- 나는 절대로 _____를 포기할 수 없을 거야.
- 나는 절대로 _____를 시도해보지 못할 거야.
- 나는 절대로 _____를 변화시킬 수 없을 거야.

스스로 어떤 일은 절대 못할 거라고 정해놓은 것도 부족해서 주변 사람들에게도 같은 틀을 씌워 바라보고 있지는 않은가.

"내 선택을 절대로 지지해주지 않을 거야."

"저 사람은 절대로 바뀌지 않을 거야."

"저 사람은 절대로 수락하지 않을 거야."

"내가 쿨하다고, 재능 있다고, 훌륭하다고 절대로 생각하지 않을 거야."

우리가 '절대로 안 된다'고 여기는 것들은 크게 세 범주로 나뉜다.

- 자신이 절대로 할 수 없거나 성취할 수 없다고 여기는 일

- 자신이 절대로 포기할 수 없고 변할 수 없을 거라고 여기는 일
- 타인이 절대로 할 수 없고, 이룰 수 없으며, 포기할 수 없고, 변할 수 없다고 여기는 일

만약 '절대로 안 되는 일'이 당신이 꿈꾸는 버킷 리스트 중 하나라면 어떨 것 같은가? 사실 가장 하고 싶은 일이지만 실패하는 게 두렵고, 실망하고 상처받게 될까 봐 절대로 안 되는 일로 분류했다면? 스스로 안 된다고 생각하는 일에 마땅히 도전해야 한다. 적어도 그 언저리라도 가봐야 영영 묻어둘 일인지, 자신의 삶을 변화시키고 커리어에 영향을 미칠 만한 일인지 사실에 기반한 결정을 내릴 수 있다.

당신이 절대로 안 된다고 생각했던 일에 도전하길 바란다. 전부 다 잘될 것이다. 아니 그 이상일 것이다! 두려움에 지지 않고 사실에 입각해 선택을 내린다면 우리가 원하는 것은 무엇이든 변화시킬 수 있다.

호기심

curious

07

프로젝트 333에 대한 첫 반응이 항상 호기심이나 흥미인 것은 아니다. 사실 외면이나 묵살일 때가 많다. 당신이 이런 반응을 보였다고 해도 전혀 이상한 일이 아니니 걱정할 것 없다. 그보다는 깊이 심호흡을 한 번 해보길 바란다. 그러면 당신 안에도 호기심이 곧 자리할 것이다.

우리는 평범하고 일반적인 사고방식에 반하는 아이디어를 처음 접하면 보통 이렇게 반응한다. 나 또한 그렇다. 만약 내가 프로젝트 333을 직접 만든 당사자가 아니었다면 나 역시 처음에는 이 챌린지를 무시했을 것 같다. 우리의 자아는 안전지대를 벗어나길 싫어한다. 그래서 '변화'를 두려운 대상이라고 나지막이 속삭인다. '나는 변하고 싶지 않아'라고. 그러나 어느 시점이 되면 우리의 마음은 이렇게 말한다.

'아니야. 두렵지만 나는 무언가 변화하길 원해. 어쩌면 이게 그 첫 시작인지도 몰라.'

이 이상한 옷장 챌린지가 시작된 지 10년이나 지났다. 그동안 여러 가지 연구와 실험을 거쳤으니 이 챌린지를 통해 옷장이 어떻게 달라지는지, 당신의 삶 일부나 전체가 어떻게 변화할지 호기심을 가져도 좋다.

여유로운 아침 시간, 돈 절약, 스트레스 감소 같은 이점 외에도 프로젝트 333으로 우울증과 불안이 개선되고, 커리어를 전환하고, 집 전체를 미니멀하게 바꾸고, 새로운 비즈니스를 시작하는 사람들이 있을 줄은 꿈에도 생각지 못했다. 나는 거의 매일같이 나 자신과 다른 사람들에게서 새로운 면면을 발견하고 있다. 조금의 과장도 없이 나는 매일 프로젝트 333에 대한 이메일과 소셜미디어 메시지를 받는다. 인스타그램에 #project333을 검색해 보면 내가 무슨 말을 하는지 이해할 것이다.

프로젝트 333을 고려할 가치도 없다고 묵살하고 있는 단계라면 한 번쯤은 마음을 열고 바라보길 바란다. 이 책을 계속 읽어나

가며 질문하고, 한결 홀가분해진 옷장을 상상해보길 바란다. 엘리자베스 길버트Elizabeth Gilbert는 "호기심은 자기 자신의 모습을 찾아가는 방법을 알려주는 친구"라고 말했다. 다음 장에는 스스로에게 물어볼 몇 가지 질문이 등장한다. 하지만 이 질문에 너무 얽매이지 않길 바란다. 챌린지를 시작하기 전이나 진행하는 와중에도 호기심을 갖고 탐험하길 바란다.

당신은 자신의 삶에서 벌어지는 일들을 인식해야 한다. 우리는 바쁘다는 이유로 이 사실을 잊을 때가 너무 많다. 사실 살아 있다는 것은 삶을 인식한다는 것 아닐까? 갓 태어났을 때 우리는 매 순간을 인식하지만, 자라면서 바람직함에 대한 가르침을 받으면서 그 정형화된 틀에 우리 자신을 끼워 맞추려고 노력하며 살아왔다. 그러다 보니 더는 자신의 삶을 제대로 들여다보지 않았다. 우리를 웃게 만드는 것, 슬프게 만드는 것, 행복하게, 불행하게, 흥미롭게, 피곤하게 만드는 것이 무엇인지 인식하지 않는다. '바쁘다'는 말을 반복하면서 챙겨야 할 일과 사람이 너무 많다고 핑계를 댄다.

우리가 자신을 잊고 살아가면 우리의 삶을 빛나게 해주는 것들도 잊게 된다. 프로젝트 333의 장점을 하나만 꼽자면 잃어버린 자신을 찾도록 도와준다는 점이다. 이는 우리의 인생에서 정말 가치 있는 일이다.

나만의 챌린지를 시작하려면

자신의 생각을 전부 믿는다면 진실을 어떻게 깨우칠 수 있을까? 나는 머릿속의 생각을 믿지 않기로 결심한 후부터 모든 것이 극적으로 변했다. 할 수 없을 거라고, 안전하고 편안한 지금의 상태에 머물라고 말하던 내 내면의 두려움에 귀를 기울이는 대신, 나는 무엇이 진실이고 최선인지를 배우기로, 그 실험을 감행하기로 결심했다.

- 나는 수개월 동안 100개의 아이템으로만 살았다.
- 나는 3개월간 33개의 아이템만 입었다.
- 나는 휴대용 가방 하나만 들고 한 달간 여행했다.
- 1년에 몇 번씩 설탕, 곡물, 유제품, 술, 가공식품을 끊고 30일간 자연식물식 식단을 섭취했다.

이런 실험과 챌린지의 가치는 진실을 추측하는 것에 그치지 않고 직접 경험할 기회를 마련해준다는 데 있다. 프로젝트 333은 훌륭한 챌린지이지만 이외에도 다양한 프로젝트가 있다. 당신만의 챌린지를 직접 만들어보는 것도 좋은 방법이다. 다음의 챌린지나 실험 중 하나만 시도해보자. 이왕이면 절대로 할 수 없을 것 같은 일을 하나 골라보자.

| 주저하지 말고 하나만 시도해본다 |

여행 기간의 절반에 해당하는 짐만 꾸린다. 여행을 갈 때 가방 공간이 허락하는 한 온갖 자질구레한 물건을 챙기지 않는가? 사실 그다지 필요하지 않은 물건들도 혹시나 하면서 번번이 싸 들고 다니지 않는가? 이제는 짐을 반으로 줄여보자. 이틀 동안의 여행이라면 하루치 짐만 싸는 것이다. (더 자세한 내용은 여행 장에서 다룰 예정이다.)

한 달간 긍정적인 댓글과 이야기만 소셜미디어에 게시한다. 소셜미디어는 우리가 부정적인 생각을 토로하기에 가장 간편한 창구다. 이제부터는 인스타그램, 페이스북, 트위터 그 밖의 소셜미디어에 긍정적인 이야기만 올리도록 한다. SNS를 훑다 보면 부정적인 글들이 눈에 띈다. 당신의 대인 관계나 삶에 가치를 더하는 글이 아니라면 해당 글을 쓴 사람과 소셜 친구 관계를 정리하거나 구독을 중단한다. 앞서 당신이 허용한 만큼 경험한다는 말을 기억할 것이다. 나는 내가 더 나은 일을 하고 더 나은 사람이 되도록 동기를 자극하는 게 아니라면 또는 그 당사자가 더 나은 일을 하고 더 나은 인간이 되도록 동기를 부여하려는 의도가 아니라면(아닐 때가 많다) 내 삶에 다른 이의 부정성을 조금도 허용하지 않는다.

자연식물식 식단에 도전한다. 30일간 설탕, 유제품, 가공식품, 곡물, 술을 멀리한 채 진짜 음식만을 섭취한다. 이 기간 동안은 체중계에도 올라가지 않는다. 프로젝트 333은 옷이 전부가 아니듯 자연식물식도 체중을 줄이는 것이 목적이 아니다. 관련 정보가 궁금하다면 홀30whole30.com을 참고하길 바란다.

90일 동안 SNS를 들여다보지 않는다. 페이스북이나 유튜브 등의 플랫폼이 에너지를 채워주는 것이 아니라 갉아먹고 있다면 중단하는 것이 좋다. 스마트폰에서 어플을 지우고 계정을 비활성화시킨 뒤 당신의 삶을 살면 된다. 아쉬울 게 별로 없을 것이다.

미니멀리즘 게임에 참여한다. 더미니멀리스트theminimalists.com에서 조슈아와 라이언이 진행하는 청소 챌린지에 동참해보자. 불필요한 물건을 치우고 싶어 하는 친구나 가족을 한 명 찾는다. 두 사람이 함께 첫 번째 날에 물건 하나를 치운다. 두 번째 날에는 2개다. 세 번째 날에는 3개를 버린다. 계속 이런 식으로 진행

된다. 무엇이든 상관없다. 옷, 가구, 전자기기, 도구, 장식품 등등 뭐든 좋다. 기부를 해도 좋고, 팔거나 재활용해도 된다. 어떤 식으로든 자정 전에 해당 물건을 당신의 집 그리고 당신의 삶에서 치워야 한다.

1년 동안 하루에 하나씩 소유물을 정리한다. 간단한 일이지만 1년 뒤에는 당신의 삶이 365개만큼 가벼워져 있을 것이다.

감사 노트를 자주 쓴다. 감사 노트를 100개 또는 일주일에 하나 씩, 어쩌면 지나 헤머데이Gina Hamadey처럼 1년 동안 매일 써볼 수도 있다. 주위를 둘러보면 감사해야 할 일이 늘 잔뜩 있다.

업무가 아니라면 메일은 하루에 한 번 또는 일주일에 한 번만 확인한다. 메일함에서 벗어나 당신의 인생을 살고 싶다면 메일함을 들락거리거나 알림이 오게 하지 말고 하루에 한 번 일정한 시간에 메일을 확인한다. 인터넷은 365일 24시간 내내 열려 있지만 당신도 그렇게 할 필요는 없다.

바쁜 삶에 보이콧을 행사한다. 바쁘게 돌아가는 삶을 충만한 삶으로 맞바꾸고 싶다면 비모어위드레스에 소개된 21일 챌린지에 도전해보길 바란다.

프로젝트 333. 이 챌린지를 시작점으로 삼길 제안한다.

| 챌린지를 쉽게 시작하는 법 |

호기심 가는 대상이 생겼거나 새로운 변화를 주고 싶은데 그 시
작이 어렵다면, 재미있게 접근할 수 있는 방법을 찾으면 된다.
당신만의 실험을 하나 만드는 것이다. 당신이 처한 문제나 관심
있는 주제가 무엇인지 파악하기만 하면 된다. 그런 뒤에 질문지
를 작성하고 기한과 규칙을 정해 챌린지를 만든다. 친구나 가족
과 함께 해도 좋고, 좀 더 책임감 있게 챌린지를 진행하고 싶다
면 소셜미디어에 해시태그를 하나 만들어도 좋다. 당신이 얼마
나 성장할 수 있는지는 당신의 생각이 어디까지 뻗어나가는지
에 비례한다. 그러니 부디 호기심을 갖길 바란다.

질문

questions

08

이 옷장 챌린지나 새로운 변화를 시작하기에 앞서 가장 중요한 일은 바로 그 일을 '왜' 하고 싶은지 이유를 파악하는 것이다. 언제나 이유why는 방법how보다 중요하다. 그리고 더 흥미롭다. 방법을 찾아내는 것은 쉽다. 사람들에게 묻거나 책이나 기사를 읽으면 된다. 무엇이든 검색만 하면 뚝딱 방법을 알려주는 구글도 있다. 당신의 이유(또는 이유들)는 당신이 만드는 변화에 지속력을 더해주는 역할을 한다. 챌린지가 힘들어지거나 계속해야 할 동기가 사라졌을 때, 당신이 이 도전을 시작한 이유를 레버리지로 활용할 수 있다.

프로젝트 333을 시작하는 이유는 재밌을 것 같아서, 빚을 청산하고 싶어서 또는 옷은 한가득인데 맨날 입을 옷이 없는 현실이 지긋지긋해서일 수도 있다. 어쩌면 나처럼 그저 약간의 평화가 필요한 것일지도 모른다. 챌린지를 시작하는 이유에는 정답도 오답도 없다. 그러니 시간이 지남에 따라 당신의 답변이 달라진다고 해도 딱히 놀랄 것도 없다.

앞서 읽은 호기심 챕터에서 영감을 얻은 뒤, 프로젝트 333을 시작하기 전이나 진행하는 동안 혹은 마친 후에 아래의 질문에 답해보길 바란다. 이번 장을 건너뛰고 싶은 마음이 든다면 옷에 관한 자신의 소비 습관이나 감정에 의문을 품은 적이 없기 때문일 것이다. 대단해 보이지 않아도 이제부터 나올 질문은 당신이 이 챌린지를 성공적으로 이끄는 데 큰 도움이 될 것이다. 어쩌면 자신의 답변에 놀라게 될 수도 있다.

천천히 그리고 신중하게 변화를 시작해야 한다는 점을 잊지 않길 바란다. 잠시 시간을 내어 답을 찾는다면 그 답이 챌린지를 진행하는 동안 당신을 이끌 것이고, 당신의 삶에 진짜 변화를 가져올 것이다. 펜과 종이 한 장 또는 일기장을 꺼내 기록할 준비를 한다. 진솔한 마음을 드러내는 데 도움이 된다면 차를 한 잔 만들거나 조용한 음악을 틀어도 좋다. 자신의 답변을 고치거나 판단하지 않는다. 다른 사람들에게 보여줄 필요도 없고 나중에 다시 읽어보지 않아도 된다. 물론 그러고 싶어지긴 하겠지만 말이다.

챌린지를 시작하기 전에 해야 할 질문

다음의 질문에 답하다 보면 이 챌린지를 계속 이어갈 동기와 확신이 생길 것이다. 질문의 답을 잘 모르겠다면 나중에 천천히 다시 생각해봐도 좋다. 처음에는 인정하기 힘들겠지만 사실 당신은 생각보다 많은 것을 알고 있을지도 모른다.

- 프로젝트 333을 해보고 싶은 이유는 무엇인가?
- 프로젝트 333에 대해 처음 들었을 때 어떤 반응을 보였는가?
- 색다른 아이디어에는 늘 그렇게 반응하는가?
- 이 챌린지에 대해 당신의 흥미를 자극하는 이야기는 무엇이었는가?
- 챌린지를 통해 특별히 배우고 싶은 게 있다거나 챌린지 자체에서 또 하나의 도전을 해보고 싶은 일이 있는가?

- 3개월간의 도전에 앞서 가장 두려운 점이나 걱정되는 점은 무엇인가?
- 어떻게 해야 이 챌린지를 끝까지 완수할 수 있을까?
- 챌린지를 함께하고 싶은 사람이 있는가?

현재 옷장을 평가하고 어떤 아이템을 선택해야 할지 고를 때 다음의 질문을 떠올리면 도움이 된다. 질문에 답하다 보면 지금껏 당신이 옷을 어떻게 생각하고 있었는지, 자신도 미처 몰랐던 이야기를 발견하게 될 것이다. 이 챌린지를 마친 후 아래의 질문에도 답해보길 바란다. 시작 전과 완전히 다른 답변이 나와도 놀랄 것 없다. 당신은 다른 사람이 되어 있을 테니까.

- 가장 좋아하는 옷 3가지는 무엇인가?
- 수많은 옷 중에서 가장 손이 많이 가는 옷은 무엇인가? 어떤 옷인지 묘사한다.
- 어떤 색의 옷을 즐겨 입는가?
- 옷장에 어떤 색의 옷이 걸려 있는가?
- 당신이 절대로 입지 않을 옷은 무엇인가? 그렇다면 왜 아직도 옷장 안에 보관 중인가?

- 너무 작거나 크거나 소재가 별로여서 입기 불편한 옷이 있는가? 그렇다면 왜 아직도 옷장 안에 보관 중인가? (어떤 깨달음이 스쳤다면 불편한 옷, 입지 않는 옷을 옷장에서 전부 치워도 좋다. 당신은 몸에 편안한 옷을 입을 자격이 있다.)

- 당신의 라이프 스타일을 묘사해보자. 출퇴근을 하는가? 활동적인 편인가? 사람들을 자주 집으로 초대하는가?

- 옷이 빨리 해지는 편인가?

- 상황과 사람에 따라 옷을 달리 입으며 변신하는가?

- 출세 지향적 쇼퍼인가(동경하는 삶에 맞춰 물건을 구매하는가)?

- 세일 행사를 좋아하는가?

- 좋은 가격으로 구매했을 때는 여기저기 자랑하는가?

- 대부분의 옷이 할인 행사 때 사거나 충동적으로 구매한 물건인가?

- 옷장 안에 50퍼센트 할인 가격표가 아직도 붙어 있는 옷이 있는가?

- 쇼핑을 함께하는 사람들이 있는가? 이 챌린지를 하는 동안 이들과 달리 시간을 보낼 수 있는 방법이 있는가?

- 당신이 가장 좋아하는 운동이 쇼핑인가?

- 쇼핑을 하고 싶다거나 새로운 무언가를 사고 싶다는 욕구

가 솟을 때는 언제인가?

- 새로운 구매가 주는 흥분과 기쁨이 얼마나 지속되는가?
- 텅 빈 옷장을 처음부터 새로 채운다면 어떤 아이템을 구매하겠는가?
- 옷장 속에 있는 옷들이 모두 매장에 전시되어 있고, 다시 쇼핑을 한다면 어떤 옷을 재구매할 것 같은가? 구매하지 않을 옷은 무엇인가?
- 지난 10년간 옷, 주얼리, 액세서리, 신발을 구매하는 데 들인 비용을 대략적으로 계산해보자. 그 돈이 지금 수중에 있다면 다시 이 물건들을 사겠는가? 아니면 다른 아이템을 구매하겠는가? 완전히 다른 데 돈을 쓰겠는가?
- 가장 아끼는 스카프 한 장과 목걸이 하나를 제외하고 3개월간 주얼리와 액세서리를 모두 치운다면 어떨 것 같은가?

프로젝트 333을 하는 동안 해야 할 질문

챌린지를 시작한 후 다음의 질문에 답해보길 바란다. 옷보다는 당신 자신에 대한 질문이다. 다시 말하지만 프로젝트 333은 옷이 아니라 당신이 주인공인 챌린지다.

- 당신이 사랑하는 사람은 누구인가?

- 당신은 무엇에 관심이 있는가?

- 눈물이 날 정도로 당신을 웃게 만드는 사람은 누구이고, 당신이 가장 즐거워하는 일은 무엇인가?

- 언젠가 시도해보고 싶었지만 한 번도 해보지 못한 일 한 가지는 무엇인가?

- 자기돌봄을 어떻게 행하고 있는가?

- 매일 시간적 여유가 확보된다면 어떻게 쓰고 싶은가? 그런 여유 시간이 매주 생긴다면? 매년 생긴다면?

- 당신의 삶에서 스트레스는 줄고 평온이 커진다면 어떤 기분이 들 것 같은가?

- 당신이 열정을 갖는 대상은 무엇인가?

- 진심 어린 관심보다는 그저 의무감에 사로잡혀 하는 일은 무엇인가?

- 당신이 가장 하기 싫은 일은 무엇인가?

- 최근 거절하고 싶었지만 수락한 일 3가지는 무엇인가?

- 지금껏 쇼핑, 구매, 옷장을 채우는 데 썼던 시간과 돈, 에너지를 정말 중요한 일에 투자할 수 있다면 무엇을 하고 싶은가?

- 이미 충분히 소유하고 있다는 사실을 인정할 수 있는가?
- 당신이 충분한 사람이라는 사실에 기뻐할 수 있는가?

프로젝트 333이 끝나갈 때 해야 할 질문

옷의 개수를 줄이고 생활한 첫 3개월이 다 되어갈 즈음 또는 거의 끝날 무렵에는 다음의 질문을 한다.

- 이 챌린지에서 좋았던 점은 무엇인가?
- 싫었던 점은 무엇인가?
- 친구들에게 이 챌린지를 추천하겠는가? 추천한다면 이유는 무엇인가?
- 프로젝트 333을 하며 놀랐던 점은 무엇인가?
- 프로젝트 333을 하며 가장 큰 변화는 무엇인가?
- 생각보다 어려웠는가 아니면 쉬웠는가?
- 한 가지 규칙을 제거하거나 추가한다면 무엇인가?
- 이 챌린지에서 어떤 규칙을 바꿔야 당신의 라이프 스타일에 더욱 어울릴 수 있을까?

어떤 질문은 어렵게 느껴질 것이고 어쩌면 답을 찾지 못할 수도 있다. 답변이 어려웠던 질문은 프로젝트 333을 진행하는 3개월 동안 한 달에 한 번씩 다시 펼쳐보고 생각해보길 바란다. 다시 한 번 말하지만 질문에 대한 답이 당신이 기대했던 것과 완전히 다른 방향으로 흘러간다 해도 수정하거나 비판하거나 놀라지 않길 바란다.

청소
clean

09

챌린지를 시작하기 위해 33개 아이템을 고르기로 했다면, 그전에 옷장 전체를 청소해 3개월간의 챌린지를 진행할 동기와 영감을 얻는다. 무엇이든 깨끗한 상태일 때 '자, 한번 해보자!'라는 생각이 들기 때문이다.

옷장을 정리하고 불필요한 물건을 치우는 일은 평생 동안 해야 할 지지부진한 싸움이 될 수도 있다. 프로젝트 333을 시도하기 전까지만 해도 나도 계절이 바뀔 때마다 옷장을 청소했다. 몇 달에 한 번씩 옷들을 살펴보고, 정리하고, 어떤 옷은 덜어내고 그 자리에 다른 옷을 채워 넣었다. 차고에서 상자를 꺼내와 제

철 옷으로 교체하고, 일부는 기부를 하면서 조금이나마 옷장 공간이 확보되면 그새를 못 참고 새 계절맞이 쇼핑을 하러 나갔다. 내가 빠져 있던 악순환이 보이는가?

프로젝트 333 이전에 내가 한 해결책은 일시적일 뿐이었다. 당시 나는 물건이 치워진 빈 공간은 또 다른 물건으로 채워야 한다는 욕구에 사로잡혀 있었다. 비단 옷장뿐이 아니었다. 집을 정리할 때도 마찬가지였다. 집에서 나는 잠시도 쉴 틈이 없었다. 집에서 천천히 호흡하고, 무언가를 만들고, 잠시 멈춰 쉬고, 꿈을 꾸고, 사랑하는 사람과 시간을 보내고, 내가 어떤 사람이고 무엇이 내게 중요한지 깨닫고 싶다면 집 안 공간을 여백 없이 가득 채워서는 안 된다. 잡동사니와 함께 분주함, 지나친 생각, 슬픔을 정리하고 나면 처음에는 공허함이 찾아올 수 있다. 공허함은 마음을 아프게 하기도 한다. 그래서 우리는 그 통증을 달래기 위해 또다시 공간을 채운다. 그렇게 다시 시작되는 것이다.

모든 공간을 가득 채우지 않는다

새 집으로 이사했거나 최근 집에 있는 짐을 비우고 정리했다면 각 방에 '있어야 하는' 물건을 서둘러 구매하지 않았기를 바란다. 각 공간에서 생활하면서 당신이 무엇을 원하고 무엇이 진짜 필요한지 천천히 결정하면 된다. 온전히 당신에게 달린 사안이고, 그간 보고 들었던 것만큼 그리 많은 물건이 필요치 않을지도 모른다. 모든 여백을 있어야 할 것 같은 물건들로 채우지 않아야 한다.

이별이나 아픔을 겪은 후라면 공허함을 받아들이고 마음이 평정을 되찾길 기다려야 한다. 바쁜 스케줄, 쇼핑, 음식, 술, 머리를 멍하게 만드는 기기로 여백을 가득 채울 필요가 없다. 이것들은 아픔을 해결해주는 것이 아니라 그저 지연시킬 뿐이다.

옷장을 정리할 때도 마찬가지다. 텅 빈 옷걸이는 쇼핑을 하라는 알림이 아니다. 당신에게 '충분함'의 기준이 무엇인지 그것부터 생각하고 결정해야 한다. 당신의 몸이나 라이프 스타일에 어울리지 않는 옷으로 여백을 채울 이유가 없다.

정거장에서 줄을 서서 기다리거나 대중교통을 타고 이동 중일 때, 고단한 하루를 끝내고 앉아서 조용히 쉴 때 심호흡을 한 뒤 잠시 사색에 잠겨보길 바란다. 집중력을 빼앗는 전자기기와 아무 생각 없이 손가락만 움직이는 스크롤링으로 여백을 채우지 않길 바란다. 그저 여백을 있는 그대로 두어라.

약속이 취소되었거나 해야 할 일이 사라졌다면 그 여백을 받아들이면 된다. 해야 할 일을 찾아 바삐 움직이지 않아도 된다. 활동을 줄이고 스스로에게 더 충실한다.

버티고, 기다리고, 호흡한다. 집, 일정표, 머릿속이나 마음에 빈 공간이 생겼다면 잠시 그대로 두어도 좋다. 처음에는 불편하겠지만 그 공백에서 정답을 찾을 수 있다. 그리고 때가 되었을 때 당신이 진짜로 원하는 것으로 그 공백을 채우면 된다.

마지막 옷장 정리

각 단계에 따라 조금씩 옷장을 비우는 즐거움을 누리길 바란다. 어쩌면 이번이 마지막이 될지도 모르니까.

| 준비 |

마지막 옷장 정리 일정을 잡는다. 달력에 표시해둔다. 옷장 상태에 따라 2~5시간, 어쩌면 더 걸릴지도 모른다. 하루를 완전히 비워두고, 시터도 구해놓고, 휴대폰과 컴퓨터도 꺼두고 대단한 일을 준비하듯 대한다.

플레이리스트는 두 가지로 준비한다. 하나는 행복하고 신나는 '괜찮아, 잘될 거야' 같은 노래들로 구성하고, 다른 하나는 마음을 진정시키는 곡으로 준비한다. 좋은 음악이 필요할 것이다.
물을 가득 채운 물병도 준비한다. 옷장 정리는 마라톤이나 다름
없다. 물과 간식이 필요할 것이다.

| 자, 이제 시작이다! |

옷장을 비운다. 그렇다. 전부 다. 몽땅 비운다. 어떻게 분류할지
는 아직 생각하지 말고 일단 전부 침대 위에 올려둔다. 침대에
옷을 쌓아두면 잠자기 전에는 어떻게든 정리를 마쳐야겠다는
다짐도 생긴다.

서재, 보관 상자 등 집 곳곳에 옷이 있다면 그것들도 모두 꺼내
침대에 쏟아놓는다. 신발, 액세서리, 주얼리도 마찬가지다. 전부
다 말이다.

옷장을 청소한다. 티끌 하나 없이 깨끗이 닦는다. 환기도 시킨다.
이제 잠시 휴식을 취한다. 산책을 하면 딱 좋은 타이밍이다. 옷
장과 옷에서 죄책감, 괴로움 등 마음에 이는 모든 감정에서 잠
시 멀어지는 것이다. 걷고 호흡한다. 무엇이든 흘려보낸다.

| 다시 시작이다! |

이제 물을 한 모금 마시고 음악을 플레이한다.

침대 위에 쌓인 옷을 한눈에 쓱 보고 가차 없이 3가지 종류로 분류한다. 너무 깊이 생각하지 말고 보자마자 느낌대로 결정해야 한다.

- 러브LOVE: "내가 좋아하는 아이템이야. 몸에도 잘 맞고 자주 입는 옷들."
- 메이비MAYBE: "이유는 잘 모르겠지만 소장하고 싶은 아이템이야." (누구나 이런 아이템이 있다.)
- 토스TOSS: "내 몸에도 라이프 스타일에도 잘 어울리지 않아." 또는 "상태가 안 좋아." (가능하면 다른 용도로 변경한다.) 기부하거나 버릴 물건도 토스로 분류한다.

침대 위 옷을 모두 분류할 때까지 계속한다. 다 마친 후 침대 위에 누워 두 발을 허공에 흔들어대며 소리친다. "거의 끝났다!"
또 한 번의 휴식 시간을 갖는다. 물도 마시고 간식도 먹는다.

| 마지막 정리 |

기부할 물건을 박스나 가방에 넣어 차에 싣거나 창고에 둔다. 당장 눈앞에서 치워야 한다. 버리기로 마음먹은 물건도 버린다.

이제 남은 두 가지 종류의 옷 더미를 마지막으로 점검할 차례다. 어떻게 해야 할지 고민인 아이템을 직접 몸에 걸쳐보며 다음의 질문을 한다.

"오늘 옷가게에서 이 옷을 발견한다면 내가 과연 살까?"

"3개월이나 6개월 후 혹은 평생 동안 이 옷을 입을 일이 있을까?"

두 질문에 대한 답이 '아니오'라면 바로 기부 박스에 넣고 눈앞에서 치워버리자. 이제 남은 아이템은 옷장에 넣고, 지금 계절에 입지 않을 옷은 보관 상자에 정리한다.

프로젝트 333은 공식적으로는 3개월짜리 프로젝트다. 하지만 이번 옷장 정리를 영구적인 변화의 시작, 텅 빈 공간에서조차도 위안을 찾는 삶의 시작, 고통을 달랠 새로운 방법을 찾는 시작으로 삼아보자. 물론 또 한 번 물건을 덜어내고 청소해야 하는 일이 생길 수도 있지만, 다음번에는 지금보다 처분해야 할 물건이 적을 것이다. 봄맞이 대청소도, 계절맞이 옷장 정리를 하며 받았던 스트레스도, 이사 때마다 수백 개의 무거운 옷걸이를 이고 지고 갈 생각에 지끈거리던 두통도 모두 굿바이다.

없애다

eliminate

10

옷장을 정리하는 일이 무척이나 암담하게 느껴질 수 있다. 물건을 버리고 잡동사니를 정리하는 것은 당신의 옷장과 삶을 단순하게 만드는 데 필요한 중요한 과정이지만, 아이러니하게도 소박한 삶의 시작이 복잡하고 무겁게 느껴질 수도 있다.

그렇다면 무엇을 보관하고 기부하고 판매할지 어떻게 결정해야 할까? 판매는 또 어떻게 해야 할까? 기부는 어디에 해야 할까? 우선 지난 몇 년간 안 맞았던 옷, 한 번도 입지 않았던 옷부터 분류한다면 한결 수월해진다. 어떤 옷을 처분할지 판단이 잘 서지 않는다면 다음 33개의 항목에 해당하는 옷부터 치우면 된다.

1. 어깨 패드가 있는 옷. 다시 유행이 돌아온다 해도 치우자.

2. 고등학교 이후로 단추를 채우지 못하는 학창 시절 청바지.

3. 딱 한 번의 행사 때문에 구매했던 정장이나 신부 들러리 드레스. 또 입을 일이 있을 거라는 생각이 들어도 치운다.

4. 전 남자친구나 전 남편의 옷.

5. 크리스마스 스웨터는 제발 좀 치우자.

6. 찢어졌거나 있으면 안 될 위치에 구멍이 난 옷.

7. 시스루류 일체.

8. 정말정말 예쁘지만 도저히 신고 걸을 수가 없는 신발.

9. 슬픈 추억이 담긴 옷.

10. 따뜻하지만 당신은 입지 않는 코트. 당신보다 더 필요한 사람이 분명 있다.

11. 추억이 얽혀 있지만 맞지 않는 옷. 사진을 찍어두자.

12. 아이에게 물려줄 옷. 사실 아이들은 엄마의 물건을 그리 원치 않는다.

13. 수선만 하면 되지만 아직까지도 수선을 맡기지 않은 옷.

14. 드라이클리닝을 해야 하는데 집에서 세탁했다가 망가진 옷.

15. 쓰지 않는 모자. 언젠가 쓸 일이 생길 것 같아도.

16. 사이즈가 안 맞는 브래지어. 당신의 몸을 아름답게 드러내자.

17. 메지 않는 여분의 가방들. 핸드백은 하나면 된다. (알고 있다. 진실은 아프다.)

18. 타인 소유의 옷들. 다시 돌려주자.

19. 이상한 냄새가 배서 빠지지 않는 옷.

20. 몸에 자국을 남기거나 물집이 잡히게 하는 아이템.

21. 지금 소장하고 있는 옷에 어울리지 않는 스카프들.

22. 속옷이 겉으로 드러나게 만드는 옷.

23. 몸을 욱여넣어야 하거나 몸을 옥죄는 힘든 옷. 숨을 쉬어야 살 수 있다.

24. 휴가용으로 산 후 일상에서는 입을 수 없는 옷.

25. 너무 짧은 바지.

26. 적정 길이보다 너무 긴 셔츠.

27. 심플하고 은은한 분위기를 선호한다면 스팽글과 반짝이가 붙어 있는 아이템도 치운다.

28. 얼룩이 지워지지 않는 아이템.

29. 죄책감이 드는 아이템. 너무 많은 돈을 주고 구매했는데 입지 않는다면 이제는 죄책감을 버릴 때다. 지금 치우지 않으면 앞으로 계속 신경 쓰여 기분만 상할 것이다.

30. 똑같은 옷. 네이비 블레이저가 예쁘다고 해서 색깔별로 같

은 블레이저를 소장할 필요는 없다.

31. 상하의가 다른 정장. 정장을 위아래 한 벌로 판매하는 이유가 있다.

32. 도저히 소화하기 힘든 소재의 옷.

33. 요가를 다짐하고 구입했지만 한 번도 입지 못한 요가 바지.

위에 언급된 아이템 대부분이 내 옷장에 있었고(스팽글마저도), 다 치우고 나서 한 번도 아쉬웠던 적이 없다. 위의 항목을 읽으며 불쾌감이 들었다거나 항목에 해당하는 옷이 모두 옷장에 있다면 일단 심호흡을 하고 마음을 가라앉히길 바란다. 나름 약간의 유머 감각을 더해 쓴 글이기도 하고, 결국 무엇을 보관하고 기부할지는 당신이 직접 결정할 일이다. 하지만 입지 않는 옷을 왜 보관하고 싶은지는 스스로에게 물어야 한다.

잡동사니를 정리하고 놓아주는 법을 배우는 것은 힘든 과정일 수 있다. 하지만 무엇을 기부하고 팔고 소장할 것인지 나름의 가이드라인을 만든다면 이 과정은 한결 수월해질 것이다. 다음은 내가 활용했던 몇 가지 가이드라인이다. 당신에게 딱 맞는 가이드라인은 아닐 수 있지만, 이 기준을 따르거나 약간 수정한다면 각각의 아이템마다 마음의 결정을 내리는 수고를 덜 수 있다.

| 이 경우에 해당하면 판매한다 |

빚이 많거나 아이템이 50달러 이상이라면 판매를 고려해보는 것도 나쁘지 않다. 하지만 옷과 액세서리는 중고로 팔아 비용을 회수하기가 쉽지 않다. 지역 내 위탁판매점이나 온라인 플랫폼을 통해 팔 수 있지만, 수고로움에 비해 가치는 낮을 수 있다.

더 이상 입지 않는 옷을 시간과 에너지를 들여 판매할 생각이 있는가? 값나가는 귀걸이를 팔아 빚을 좀 정리하고 싶다면 가능한 이야기다. 가격대가 낮은 아이템은 기부하고, 고급 브랜드 가방이나 주얼리는 파는 것을 추천한다. 아이템별로 모아서 한 번에 많이 판매하는 것이 더 나을 수도 있다. 가령 드레스 5벌을 따로따로 팔지 말고 한꺼번에 판매하는 식이다.

나는 옷장에 있는 아이템을 판매한 적은 없지만 집에 있는 물건들 중 일부를 팔아서 빚을 갚는 데 쓴 적이 있다. 빚은 없지만 시간적 여유가 있다면 옷과 아이템을 정리해 중고로 파는 것도 좋은 생각이다.

| 이 경우에 해당하면 판매하지 않는다 |

시간도 없고, 신경 쓸 일을 만들고 싶지 않거나 그보다 더 중요한 일이 있다면 판매보다 더 나은 방법을 찾아보는 것이 좋다.

빨리 옷을 정리해서 여유 공간을 만들고 싶다면 차라리 기부하는 편이 낫다. 물건을 내 눈앞에서 보이지 않게 단숨에 치워버리는 가장 간편한 방법은 기부하는 것이다. 박스에 넣고 우선은 안 보이는 곳에 두었다가 지역 내 기부 센터에 갖다 주거나 단체에 기부할 수 있다.

좋은 단체에 기부하는 것도 중요하지만, 그렇다고 해서 각 아이템을 필요한 곳에 맞춤형으로 보내기 위해 단체를 엄선할 필요는 없다. 내가 56평대 집을 줄여 작은 아파트로 이사할 당시, 어떻게 처분해야 할지 알 수 없는 물건들이 가득했다. 계속 붙들고 서서 이도저도 못 하고 고민하느니 우리는 모든 물건을 집 앞 진입로에 옮겨놓기로 했다. 수북이 쌓인 물건을 사진 찍은 뒤 '무료 나눔'이라는 간단한 설명을 덧붙여 온라인 커뮤니티에 작은 광고를 냈다. 15분 만에 물건들은 모두 사라졌다.

나중에 아쉬울까 봐, 새로 사야 할까 봐 포기하지 못하겠다면 잠시 눈앞에서 물건을 치우고 테스트를 해보면 된다. 아무런 표시도 하지 않은 상자에 물건을 넣고 몇 달 동안 다른 곳에 보관하는 것이다. 물건이 그립거나 필요해지면 다시 집 안으로 들여놓으면 된다. 대신 박스 전체 말고 물건만 꺼내서. 있었는지 기억조차 나지 않거나(대부분 이 경우에 해당한다) 전혀 아쉽지 않다면 주저하지 말고 처분하면 된다.

| 이 경우에 해당하면 기부하지 않는다 |

빚이 있다면 물건을 판매해 조금이나마 빚을 줄일 수 있다.

| 이 경우에 해당하면 보관한다 |

반드시 쓸 일이 있을 때, 가령 구직 상태거나 2세를 계획 중이거나 이사 예정이거나 지금 당장은 필요 없지만 다시 입을 일이 생길 경우에는 보관하자. 물론 겨울 코트, 스키복, 수영복처럼 계절용 아이템은 보관하는 것이 맞다.

| 이 경우에 해당하면 보관하지 않는다 |

아이가 원할 것 같다거나 아이에게 물려주기 위해 물건을 처분할 수 없다고 이야기하는 부모들이 많다. 반대로 부모에게 그 물건들은 필요 없다고 어떻게 말해야 할지 고민이라는 성인도 제법 있다. 다 큰 자녀가 부모의 물건을 원하는지 또는 아이가 어렸을 때 입었던 옷을 소장하길 원하는지 확인하는 방법은 하나뿐이다. 직접 물어보는 것이다. 자녀가 원한다고 대답하면 그때

는 마음 편히 주면 된다. 특히 자녀가 독립해 살고 있다면 대화부터 해보아야 한다.

내 경험상 부모가 다 큰 자녀의 물건을 계속 보관하거나 자기 물건을 자녀에게 물려주려고 따로 챙겨놓아야 하는 경우는 거의 없었다. 자녀가 필요 없다고 한다면 그 말을 믿고 처분하면 된다. 어떤 상황에서도 기분 나쁘게 듣지 않길 바란다. 자녀가 사랑하는 것은 부모님이지 부모님의 물건이 아니다.

'혹시나' 하는 마음에 물건을 보관 중인가? '혹시나'라는 변명은 두려움과 게으름이 만든 결과물이다. 아직 없애버릴 준비가 되지 않아서 갖고 있는 것뿐이지 실제로 '혹시나' 하는 물건을 쓸일은 결코 없다고 봐도 된다. '혹시 모르니까 보관해두자'라는 생각은 사실 이런 의미에 더 가깝다.

'준비가 안 되었어.'

'필요할 일이 생길 거야.'

'그냥 없애버리자니 겁이 나.'

'무언가 부족하다는 생각이 들까 봐 두려워.'

옷장 안쪽, 잡동사니를 모아둔 서랍, 싱크대 아래, 차고나 다락방에 있는 박스들을 살펴보자. '혹시나'가 '절대 쓸 일이 없다'라는 의미임을 인정할 때 게으름을 떨치고 물건을 덜어낼 수 있다. 그제야 비로소 부족하다는 불안에서 벗어나 더욱 의미 있고 간소한 삶을 살 수 있다.

물건을 정리하는 동안 명심할 것은 하나다. 당신은 새로운 물건을 들일 공간을 만드는 게 아니다. 더 풍요로운 삶이 자리할 공간을 만드는 중이다.

챌린지를 시작하다

challenge

11

드디어 때가 되었다! 이 책의 다른 장들이 프로젝트 333을 더욱 의미 있는 경험으로 만들고 당신이 가진 의문에 답을 주는 데 충실했다면, 이 장은 프로젝트를 시작하기 위해 당신이 알아야 할 모든 정보를 담고 있다. 어쩌면 당신은 이번 장부터 읽기 위해 책을 이리저리 뒤적거렸을 수도 있다. 그 마음은 충분히 이해되지만, 본격적으로 시작하기 전에 앞의 내용을 읽으며 영감을 얻고 프로젝트를 더 깊이 이해하길 권한다. 이 프로젝트를 시작하는 '이유'는 이제부터 나올 '방법'만큼, 아니 어쩌면 그보다 더 중요하기 때문이다.

프로젝트 333의 규칙

언제: 3개월마다. 공식적으로는 프로젝트 333의 새 시즌은 1월 1일, 4월 1일, 7월 1일, 10월 1일이지만 나라, 지역에 따라 다를 수 있으므로 언제든 시작하길 바란다!

무엇을: 33개 아이템에 포함되는 것들이다.

- 옷
- 액세서리
- 주얼리
- 신발 (신발 한 켤레를 아이템 하나로 본다.)

무엇에 해당되지 않는 대상: 아래는 33개 아이템에 포함되지 않는다.

- 결혼반지 또는 항상 몸에 지니는 주얼리 아이템 한 가지
- 속옷
- 잠옷
- 집에서 편하게 입는 옷
- 운동복 (다만, 진짜 운동용으로 입는 운동복이어야 한다.)

어떻게: 33개 아이템을 고른 후 나머지는 박스에 넣고 테이프로 봉한 뒤 보이지 않는 곳으로 치운다. 처분하지는 말고 당분

간 다른 곳에 보관한다.

그 외: 3개월 동안 생활하고 일하고 놀 때 입을 옷들로 옷장을 꾸민다고 생각하면 된다. 고행을 위한 프로젝트가 아니다. 몸에 맞지 않거나 상태가 안 좋은 옷들은 교체해도 된다.

 여기에 소개된 규칙은 인터넷은 물론 수많은 도서와 잡지에 소개되었다. 이미 접해서 알고 있는 내용이라도 한 번 더 읽고 새길 만한 가치가 충분하다.

프로젝트 333을 시작하는 방법

이 책을 통해 프로젝트를 시작하는 방법을 배우고, 시작한 후 계속 지속하는 데도 도움을 받을 수 있다. 혹시 이 장부터 읽기 시작했다면(나도 충분히 그럴 것 같다) 프로젝트를 진행하는 동안 앞부분을 읽어보며 앞으로 3개월간 한정된 옷만 입겠다는 자신의 다짐을 굳히고 확신을 더하길 바란다. 앞부분을 읽는 것이 너무 힘들거나 지루하거나 부담스럽다면 당신에게 도움이 될 만한 장을 골라 읽어도 좋다. 준비가 되면 다음의 단계를 따른다(또는 9장의 마지막 옷장 정리 파트를 읽어도 된다).

1. 옷장, 서랍, 따로 보관 중인 상자를 모두 끄집어내 방 한가운데에 내용물을 모두 쏟는다. 계절에 상관없이 전부 다 한곳에 쌓는다. 침대 위가 가장 좋은 이유는 아무래도 해질녘이나 취침 시간 전에 해치워야겠다는 마음이 좀 더 생기기 때문이다. 이틀에 걸쳐 진행해도 되지만, 너무 시간을 끌면 옷을 분류할 때 이런저런 고민만 많아진다.

2. 이틀간 입을 옷을 따로 빼둔다. 여행 짐을 싼다고 생각하고 말이다. 옆에 빼두거나 다시 옷장에 걸어놓는다. 눈앞에 쌓인 옷들 가운데 다시 옷장으로 들어갈 아이템이 없다고 해도 이틀 정도 입을 옷은 챙겨두었으니 걱정이 없다.

3. 옷을 세 분류로 나눈다.

   - 러브: 당신이 정말 좋아하고 없어서는 안 될 아이템.

   - 토스: 몸에 맞지 않거나 편하지 않거나 잘 안 어울리거나 오랫동안 손대지 않은 아이템. 기부할지, 다른 용도로 활용할지, 버릴지는 나중에 생각하면 된다.

   - 메이비: 결정하기 힘든 아이템은 메이비에 분류한다. 셋 중 메이비 옷 더미가 가장 수북해도 놀라지 않길 바란다.

4. 잠깐 휴식을 취한다. 수분을 보충하고 음악을 틀고 한바탕 웃는다(억지로라도 웃지 않으면 울고 싶어질 테니까). 가득 쌓인 옷을 보며 맨날 입을 옷이 없다고 했던 자신을, 주말에 쇼핑을 갈까 생각했던 자신을 향해 크게 웃는다.

5. 3가지로 나눈 옷 더미 중 하나를 정리한다. 토스로 분류한 옷을 박스에 정리한다. 무엇을 소장하고 팔고 기부할지는 당장 정하지 않아도 된다. 일단 박스에 넣고 다른 곳으로 치웠다가 3개월 후 좀 더 생각이 명료해졌을 때 다시 분류하면 된다. 언제 기부하거나 판매할지를 결정할 때는 10장의 가이드라인을 참고하길 바란다. 가능하면 전부 기부하거나 다른 사람에게 주는 쪽을 추천한다. 당신의 옷장에서도 제 가치를 발휘하지 못했으니 판매로 큰 수익을 기대하기는 어렵다. 따라서 옷장의 여유 공간 확보라는 가치를 지금 당장 손안에 쥐는 편이 낫다.

6. 메이비 옷 더미 차례다. 하나씩 꺼내보며 이렇게 묻는다. "내 옷장의 한 곳을 차지할 이유가 있을까?" 괜찮은 답이 생각나지 않는다면 새로운 토스 더미를 만든다. 메이비로 분류된 옷 가운데 특별한 사람이 선물로 주었거나 특별한 사람이 소장하다가 당신에게 주었지만 한 번도 입지 않은 옷이 있다면,

그 옷을 입은 자신의 모습을 사진으로 남긴 뒤 기부한다. 이제 자질구레한 짐 없이도 추억을 간직할 수 있게 되었다.

7. 러브 옷 더미를 살피며 6번을 반복한다. 한 가지 주의할 점은, 막상 다시 살펴보니 당신이 진짜로 좋아하는 옷이 하나도 없다고 해도 걱정할 필요가 없다는 것이다. 당신이 좋아하는 옷을 새로 사러 갈 필요도 없다. 프로젝트 첫날과 마지막 날에 옷을 대하는 당신의 태도를 비교해보면 사뭇 다를 것이다. 따라서 새 옷을 사려면 최대한 참고 또 참길 바란다. 옷장에 정말 있으면 하는 옷, 필요한 옷이 무엇인지 스스로 깨달을 시간이 필요하다.

8. 메이비와 러브 옷 더미 가운데 침대 위에 남아 있는 것은 다른 공간으로 치운다. 그중 기부해도 될 만한 옷들은 추려서 박스에 넣고 근처 노숙자 쉼터나 기부 단체에 가능한 한 빨리 전달한다. 차 트렁크에 1년씩 넣고 다니지는 말자.

9. 잠시 산책을 하거나 낮잠을 자거나 물을 마신다. 이 휴식 시간은 중요한 단계니 건너뛰지 않도록 한다.

10. 텅 빈 옷장과 서랍을 깨끗하게 청소한다. 환기를 충분히 시킨 뒤 새로운 미니 옷장으로 탈바꿈할 준비를 마친다.

11. 아직 남아 있는 아이템이 많지만 걱정하지 않아도 된다. 우

리는 지금 33개 아이템을 고르는 중이다. 333개 아이템이 어지럽게 나뒹군다고 해도 패닉에 빠지지 말길! 결국 다 정리하게 될 것이다.

12. 메이비 옷 더미를 박스에 담는다. 다시 말하지만 패닉에 빠지지 말길 바란다! 지금 당장 처분하자는 게 아니다. 잠시 휴가를 주는 것이다. 박스에 모두 담은 뒤 겉면에 '메이비: 아쉽거나 그립지 않다면 90일 후에 다시 열어보지 말고 곧장 기부할 것'이라고 적는다. 진짜로, 적어라. 박스를 눈에 띄지 않게 옷장이 아닌 차고나 다락방 등 다른 장소에 보관한다

이 단계에서 걱정과 엄청난 압박감을 동시에 느끼는 것은 지극히 정상이다. 모든 게 다 잘될 거다. 지금까지의 삶과 완전히 다른 삶, 새로운 삶을 시작하는 이 시점에 당신에게 안심이 되는 말 한마디를 해주고 싶다. 33개 아이템이면 어떤 상황, 어떤 계절에도 충분하다. 한 가지 더 말하자면 적은 아이템만 가지고 입는 것이 싫다면 언제든 당신이 원할 때 따로 보관해둔 옷가지들과 그 옷들이 만들 혼란을 당신의 옷장으로, 삶으로 가져올 수 있다.

'캡슐 옷장 만들기'라는 본격적인 단계로 넘어가기 전에 마지막으

로 러브 옷 더미를 한 번 더 꼼꼼하게 살펴보자. 다시 보니 애정이 식은 옷이 있는가? 그 옷을 입은 모습이 어떤지 의견을 말해줄 친구가 있는가? 메이비나 토스로 옮겨갈 옷이 있다면 바로 정리한다.

프로젝트 333 계절용 캡슐 옷장 만드는 법

이제 마지막 단계인 계절용 캡슐 옷장을 만들 차례다. 당신에게는 옷, 신발, 주얼리, 액세서리 등이 이미 시즌별로 준비되어 있을 것이다! 지금은 3개월 계절용 옷장을 만드는 것이지만, 모조리 꺼내 놓았으니 이참에 시즌별로 분류해두면 챌린지 후 옷장을 교체하는 게 훨씬 수월해질 것이다.

명심하라! 지금 당신은 스스로의 삶을 위해, 스스로의 옷장을, 스스로 정한 리스트로 채우는 중이다. 당신에게 정말 잘 맞고 어울리는 옷을 입겠다는 결심을 다지고 싶다면, 남과 비교하지 말고 프로젝트 333 자료 페이지에 올려둔 음성 파일을 들으면 도움이 될 것이다.

이제 리스트를 만든다

리스트만 당신의 마음에 쏙 들게 잘 만들면 앞으로 남은 단계들을 신나게 즐길 수 있다. 다음의 카테고리에 따라 리스트를 만든다.

- 주얼리
- 액세서리
- 신발
- 셔츠
- 바지
- 치마
- 드레스
- 겉옷

각 항목별로 몇 개의 아이템이 필요할지 대략 생각해둔다. 그 기준에서 위아래로 개수를 정해 옷을 분류하고, 최종적으로 다시 빼거나 더하면 된다. 월간 지출 계획을 세우는 것과 비슷하다. 첫 시도에 숫자가 딱 떨어지게 나오지는 않을 것이다. 다만 아이템의 총 개수는 33개 이하가 목표다.

이제 핵심 아이템을 추리고 옷장의 토대를 만들 차례다. 33개 아이템에 꼭 들어가야 할 옷 그리고 앞으로 이 프로젝트를 계속할 때도 항상 리스트에 포함될 옷을 고른다. 당신이 매일 또는 거의 매일 착용하는 아이템이어야 한다. 그 아이템들로 리스트를 작성한다. 다른 방법도 있지만 나는 이렇게 시작한다.

의류 외 핵심 아이템. 자주 사용하는 아이템들이다.

1. 선글라스
2. 핸드백
3. 업무용 가방
4. 목걸이
5. 팔찌
6. 도톰한 스카프
7. 가벼운 스카프

이제 26개가 남았으니 신발로 넘어갈 차례다.

8. 힐

9. 플랫

10. 부츠

11. 스니커즈/워킹화

정확히 어떤 아이템을 고를지는 나중에 결정하고 우선 이 정도로만 적어두면 옷이 몇 벌이나 들어갈지 감이 잡힌다. 이제 옷을 22개 고를 수 있다. 처음에 나는 이 과정이 너무 초조하고 불안해서 미칠 것 같았다. 하지만 이내 바지 몇 벌, 치마 한 벌, 드레스 한 벌에서 세 벌, 셔츠/재킷/겉옷이면 충분하다는 생각이 들었다. 여름철에는 장갑, 모자, 여분의 재킷이 필요하지 않아 옷을 고르는 게 한결 쉽다.

핵심 의류 아이템 자주 입는 옷들이다. 내 리스트와 똑같이 만들 필요는 없지만 참고하면 당신의 리스트를 어떻게 구성할지 계획하는 데 도움이 될 것이다.

12. 청바지

13. 블랙 티셔츠

14. 화이트 버튼다운 셔츠

15. 블레이저

16. 집업 스웨트 셔츠

17. 네이비 드레스

쌓여 있는 옷 더미에서 무슨 옷을 선택해야 할지는 정하지 않았지만 그래도 옷장의 기본 틀은 완성되었다. 이제 16개 더 추가할 수 있다. 16개까지 필요하지 않다면 그보다 적어도 된다.

프로젝트 333 캡슐 옷장 만들기를 마무리한다

1에서 33까지 번호를 매겨 종이에 아이템을 적거나 비모어위드 레스의 프로젝트 333 퀵 스타트 가이드를 출력해 활용한다.

몇 가지는 빼거나 새로 고치기도 하겠지만 전혀 문제될 것이 없다. 30년이 아니라 3개월간의 아이템일 뿐이니 너무 부담을 느끼지 않길 바란다. 완벽한 아이템을 골라야 한다는 생각도 버린다. 완벽이란 지나치게 과대평가된 개념이다. 지금은 그저 당신이 가장 좋아하는 아이템을 고르는 과정이므로 잘못된 아이템을 선택할 리가 없다.

우선 핵심 아이템부터 채워 넣은 뒤 남은 자리에 다른 아이템을 추가하는 식으로 진행한다. 리스트가 완성된 후에는 통과된 옷을 옷장에 걸어 한쪽으로 모아둔다. 나머지 아이템은 여전히 수북한 더미 속에 있다. 여기저기 널린 옷가지와 옷 더미가 신경 쓰인다면 이참에 다 치워버리면 기분이 얼마나 후련할지 생각해보자. 놀랄 것 없다. 그냥 생각만 해보라는 소리다. 수북하게 쌓인 옷 더미 사진을 찍고, 이제 심플하고 평온하고 한결 아름다워진 옷장 사진을 한 장 찍는다. 그리고 차분히 심호흡을 한다.

다른 물건들은 어떻게 해야 하나

33개 아이템을 추렸고, 나중에 다시 고려해볼 아이템은 박스에 다 정리했다. 그럼 이제 남은 물건들은 어떻게 해야 할까? 33개 아이템에 포함되지 않는 옷들도 살펴봐야 한다는 것을 잊지 마라. 다만 미니멀리스트 패션 챌린지의 묘미를 온전히 경험하려면, 되도록 옷장에 여유 공간을 많이 남겨둬야 한다는 것도 기억하길 바란다.

잠옷: 옷 더미 속에서 잠옷으로 쓸 옷을 꺼낸다. 입고 잘 때 편

안하고 좋은 옷인지 다시 한 번 확인한다. 만약 이 잠옷을 입고 동네 마트에도 다닐 생각이라면 33개 아이템 중 하나로 삼아야 한다. 그래야 더는 잠옷을 입고 외출하는 일이 안 생길 테니까.

운동복: 러닝을 하거나 산책, 스키, 하이킹, 테니스 등 운동을 즐긴다면 용도에 맞는 옷이 따로 마련되어 있을 것이다. 이 옷들은 33개 아이템에 포함하지 않는다. 운동을 마친 뒤 테니스 스커트를 입고 잠시 슈퍼에 들르는 것은 괜찮다. 하지만 아침에 일어나 요가 바지를 입은 채 마트에 장을 보러 간다면 그 옷은 당신의 33개 아이템 중 하나가 된다. 운동복은 오직 운동을 할 때만 입는다.

집에서 입는 옷: 정원이나 마당에서 일하거나 집을 청소하거나 강아지를 산책시키거나 집에서 뒹굴거나 영화 또는 책을 볼 때 입는 옷이 있다면 그리고 그 옷을 입고 결코 집 밖으로 나가지 않는다면, 그 옷은 당신의 33개 아이템에 속하지 않는다.

옷장 속 빈 공간을 채우기 위해 너무 악착같이 리스트를 작성할 필요는 없다. 그저 당신에게 필요한 아이템으로만 채우면 된다. 프로젝트 333을 한 차례 진행하면서 용기가 생겼다면 사용하지 않는 아이템은 과감히 정리한다. 내 경우 프로젝트를 시작한 첫해에 위의 세 항목에 속한 옷의 개수를 과감히 줄였다.

각 항목에 따라 정해진 아이템 수가 있는 것은 아니다. 자신의 라이프 스타일을 고려해 당신이 정말 좋아하고 자주 입고 쓰는 아이템이 무엇인지 생각해야 한다. 서로 어울리는 아이템을 고르는 것보다, 33개의 아이템만 입겠다는 약속을 지키는 것보다, 잠옷을 입고 슈퍼에 가지 않겠다는 다짐보다 더 중요한 것은 현재 당신에게 잘 맞고 상태가 좋은 옷을 포함시켜야 한다는 점이다. 어떤 이유에서든지 3개월을 지내는 동안 더는 몸에 맞지 않는 옷이 생기면, 다른 옷으로 교체하거나 수선하길 바란다. 다시 한 번 말하지만 이 프로젝트의 목적은 고행苦行이 아니다. 이 프로젝트로 좌절이 아닌 평화와 기쁨을 느껴야 한다!

규칙을 어기다

unruly

12

프로젝트 333을 하는 것만으로도 당신은 이미 룰 브레이커rule breaker가 되었으니 이번 장에서 소개하는 내용에 그리 충격받지 않을 것이다. 당신은 패션, 소비자, 마케팅의 룰 브레이커다. 보이게, 보이지 않게 이미 수많은 규칙을 어기고 있으므로 이 챌린지를 제대로 하기 위해 몇 가지 규칙을 더 어기는 것쯤은 두려워하지 않길 바란다. 물론 규칙을 어기길 권장하는 것은 아니지만, 아예 프로젝트를 하지 않는 것보다는 규칙을 좀 어기면서 프로젝트를 실행하는 게 낫다는 쪽이다.

프로젝트 333의 규칙은 당신의 옷장과 삶에 필요하지 않았던 것이 무엇이었는지를 생각보다 훨씬 더 많이 깨닫게 해준다. 이러한 제한은 희생이라기보다 축복에 가깝다. 그럼에도 당신이 도저히 따르기 어려운 규칙이 있다면 그것이 당신의 도전을 가로막도록 두어선 안 된다.

'완벽하게 지키지 않으면 실패'인 프로젝트가 아니다. 옷을 줄이는 삶을 향해 아주 작은 발걸음만 떼어도 교훈을 얻을 수 있다. 당신이 소화할 수 없는 사소한 부분이 있다고 해서 모든 것을 포기할 필요는 없다. 나는 책이나 글을 읽을 때도 이렇게 생각한다. 예전에는 한 가지 걸리는 부분이 있으면 책이나 글 전체를 부정적으로 판단하곤 했다. 하지만 이제는 글을 잘게 나누어 소화하고, 내가 받아들일 수 없는 하나의 관점 때문에 그 글에서 배울 것이 아무것도 없었다고 치부하지 않는다.

챌린지의 규칙들은 당신에게 분명 도움이 될 것이고, 일단 시작하고 나면 생각보다 겁나거나 두렵지 않을 것이다. 어쩌면 당신은 프로젝트를 있는 그대로 소화할 준비가 되지 않았는지도 모른다. 이 챌린지에 참가한 다른 사람들도 이미 자신의 라이프 스타일에 맞춰 규칙을 수정했다. 다만 명심해야 할 점은 '절대로 할 수 없을 것 같다'라는 핑계는 규칙을 수정할 근거가 되지 못한다(절대로 할 수 없을 것 같은 일에 도전한다는 6장의 글을 참고하길 바란다).

규칙을 깨는 몇 가지 방법

규칙을 깨는 몇 가지 방법을 살펴보자. 이런 경우라면 규칙을 어겨도 좋다.

유니폼을 입고 근무한다. 수술복이나 여타 근무용 유니폼이 있고, 그런 옷이 여러 벌이라면 유니폼을 33개 아이템 중 하나로 삼는다. 광고 영업일을 했던 나는 고객을 만나고, 지역 행사에 참여하고, 회의도 했지만 일과 사적인 삶을 꾸려가는 데 33개 아이템만으로 충분했다. 따라서 보통은 큰 문제가 안 된다. 만약 여벌의 유니폼을 33개 아이템에 포함하고 싶지 않다면 그래도 된다.

주얼리 애호가다. 한때는 나도 주얼리를 구매하고 여러 개를 착용했지만 이제는 개수를 줄였다. 특히 겨울에는 아주 적은 아이템만 착용한다. 겨울에는 33개 아이템에 모자와 장갑, 여분의 목도리를 포함시켜야 하기 때문이다. 앞으로 주얼리를 착용하지 않겠다고 결심한 것은 아니었지만, 3개월간 주얼리 없이 살아보니 기존의 주얼리를 전부 다 하는 것이 지나치게 느껴졌다. 주얼리를 착용한 내 모습이 어색하게 느껴진 것이다. 예전에는 옷을 더 돋보이게 만들기 위해 주얼리를 착용했지만, 이제는 옷과 어울려서라기보다는 내게 의미 있는 것들을 착용한다.

처음 프로젝트 333을 경험하는 3개월간 주얼리를 착용하지 않는다면, 당신에게 무엇이 정말 필요하고 무엇을 원하고 있는지 확인할 수 있다. 그러나 주얼리를 포기해야 하는 것 때문에 프로젝트 시작이 망설여질 만큼 주얼리 애호가라면 무리해서 주얼리를 33개 아이템에 포함시키지 않아도 된다.

날씨 변화가 걱정된다. 날씨를 고려해 여벌의 옷을 따로 챙기고 싶다면, 필요할 때 편히 꺼내 입을 수 있도록 작은 상자 안에 여벌 옷을 넣어두길 바란다. 유타주 솔트레이크 시티에 사는 나는 영하 18도에서 영상 38도까지 널뛰듯 변하는 날씨에 대비해야 한다. 사실 내가 처음 프로젝트 333을 시작했던 2010년 10월에는 약 32도였으나 3개월 후 프로젝트를 마칠 즈음이 되니 눈이 내렸다. 바꿔 말하면 내 33개 아이템 중에 시즌 초기 또는 말기에만 잠깐 입어야 했던 옷이 제법 되었다는 뜻이다. 나는 너무 춥거나 더운 날씨에 대비해 탱크톱과 그 위에 겹쳐 입을 수 있는 아이템을 항상 챙긴다.

'혹시나' 하는 마음에 무언가를 더 챙겨두고 싶다. 상자 하나를 만들면 그만이다. 한 번도 입지 않았지만 언젠가 필요할지도 모르는 아이템은 전부 이 상자에 넣는다. 그리고 내용물이 뭐가 됐든 상자 겉면에는 그저 '혹시 모를 상황'이라고만 적는다. 만약 어떤 아이템이 필요한데 상자 속에 있다는 것이 상자를 열지 않고도 기억나면, 그냥 꺼내 입으면 된다. 미리 스포일러를 하자면 그런 일은 아마도 없을 것이다.

33개 아이템이 부족할 것 같다. 재밌는 것은 옷장 안에 수백 가지 아이템이 있어도 항상 입는 옷은 정해져 있다는 것이다. 33개 아이템이면 대부분의 사람들은 충분하다 여기지만, 사실 이것은 임의로 정한 숫자다. 따라서 프로젝트 335, 340을 하고 싶다면 그렇게 해도 된다. 당신에게 '충분하다'는 정도가 어느 정도인지를 깨닫는 계기가 된다면 그것만으로 성공적인 실험이라고 할 수 있다. 다만 3개월 동안 입는 아이템이 고작 33개도 안 된다고 해서 놀라지 않기를 바란다.

프로젝트가 잘되고 있는지 점수를 매기는 일은 없을 것이다. 갑자기 당신 옷장을 검사하러 내가 깜짝 방문하는 일도 없을 것이다. 이것은 오로지 당신만의 프로젝트다! 규칙을 이해해야 하는 것은 맞지만 그 규칙을 수정할 자유도 당신에게 있다는 것을 잊지 않길 바란다. 몇 가지 규칙을 수정한 버전으로 프로젝트 333의 한 시즌을 마쳤다면 다음에는 이 책에서 소개한 대로 한번 진행해보길 바란다.

비록 규칙을 몇 가지 바꿨지만, 프로젝트 333의 이점을 경험했다면 옷 정리뿐 아니라 다른 일에서도 과감하게 규칙을 깰 수 있는 자신감이 좀 더 차오를지도 모른다. 어떤 규칙을 깰 수 있을까? 글로 명시된 규칙 말고도 타인이 혼자 또는 대놓고 당신에게 강요하는 규칙과 기대치 따위가 있을 수 있다. 어쩌면 지금이 당신을 옭아맨 규칙을 깨고 당신의 삶을 온전하게 되돌리거나 새로운 삶을 만들어갈 때인지도 모른다.

이 챌린지가 당신의 삶을 더욱 멋지고 쉽고 즐겁게 만들어줄 수 있다는 것을 기억하길 바란다. 프로젝트 333 때문에 짜증이 나거나 스트레스를 받는다면 규칙을 바꾸거나, 다음에 도전하거나, 친한 친구에게 도움을 요청한다. 규칙을 바꿈으로써 당신은 이 프로젝트가 제공하는 이점을 경험하고, 자신의 공포와 맞서고, 이 미니멀리스트 패션 프로젝트가 당신의 삶에 가치를 더하는지 직접 확인할 기회도 얻는다.

만약 이 프로젝트에 당신의 삶에 가치를 더하는 요소가 있다면, 원래의 규칙을 좀 더 반영해 다시 한 번 도전하길 바란다. 어차피 완벽하게 실행한다고 해서 상을 받는 것도 아니니까, 일단 더 수

월하게 시작할 수 있는 방식으로 해보면 된다. 어떻게 접근하든 재밌고 도전적이며 의미가 있으면 된다.

두려움

fear

13

두려움이 항상 나쁜 것만은 아니다. 우리를 가로막는 두려움 중에는 긍정적인 영향을 끼치는 것도 있다. 가령 하이킹 중 털이 북슬북슬한 거미를 맞닥뜨렸을 때 '위험해! 만지지 마'라고 소리치는 내면의 목소리는 우리의 생존과 안전에 아주 유용하다. (실제로 내가 겪은 일이다. 당시 내 내면의 두려움은 '만지지 마' 정도가 아니라 '도망쳐'라고 소리쳤다.)

독을 뿜는 뱀이나 그 밖의 여러 위험한 상황에서도 두려움은 같은 역할을 한다. 하지만 이런 공포는 우리가 일상에서 마주하는 종류가 아니다. 이런 두려움은 우리의 성장을 가로막지도, 패션 챌린지를 도전하지 못하게 만들지도 않는다. 단언하건대 프로젝트 333을 하면서 뱀이나 거미를 마주할 일은 절대 없다!

내 삶을 전반적으로 점검하고 변화를 시도하는 과정에서 나는 수시로 두려움과 마주해야 했다. 내 안의 변화에 저항하는 마음이 있었고, 그건 나를 사랑하는 사람들 또한 마찬가지였다. 우선 내 두려움부터 처리해야 했다. 나는 선의의 걱정을 하는 친구들과 가족들에게 고마움을 표시하고, 내가 믿는 바를 밀고 나갔으며, 이후 그들과 좀 더 깊은 대화를 나누었다. 모든 두려움을 단번에 해결할 수는 없었다. 그러려고 했다면 너무 지치는 일이었을 것이다.

다음은 프로젝트 333을 하며 내가 느낀 개인적인 두려움과 그보다 더 거대하고 누구나 겪을 만한 두려움을 정리한 것이다.

프로젝트 333 공포증

이 두려움은 앞으로도 계속 나타날 것이다. 하지만 걱정 때문에 커지는 두려움이기에 막상 겪고 나면 그리 대단한 것도 아니다. 대다수의 사람들은 이 두려움을 실제로 경험하지 않지만, 걱정이 실제 그 일이 벌어지는 것만큼이나 사람을 두려움에 떨게 만든다는 것을 이번 기회를 통해 다시금 깨닫는다면 그것 또한 가치 있는 일이다. 최악의 경우 두려움 때문에 어떤 일을 시작조차 하지 못할 때도 있기 때문이다.

날씨 변화 나는 초봄에는 눈이 오고, 봄이 끝날 즈음이면 따뜻해지는 지역에 살기 때문에 날씨 변화를 걱정하는 사람들의 마음을 누구보다 잘 알고 있다. 날씨 변화가 큰 지역에 살고 있다면 33개 아이템 중 일부는 프로젝트 시작 또는 끝에 입을 수 있는 것으로 챙겨야 한다. 나는 3개월간의 옷장을 구성할 때 일부러 비슷한 날씨에 입을 수 있는 옷들을 피했다.

프로젝트 333은 일종의 챌린지다. 날씨가 춥거나 험해지면 그에 맞춰 옷을 유연하게 조정해 입어야 한다. 가능한 모든 상황을 염두에 두고 옷을 챙기고 싶겠지만, 이는 현실적으로 불가능하다. 마음을 내려놓고 내면의 두려움을 마주하길 바란다. 걱정하던 일이 생기지 않거나 혹은 생긴다 하더라도 약간의 융통성을 발휘해 이겨낸다면 앞으로 불확실한 일을 마주할 때 한결 자신감이 생길 것이다.

빨래 예전만큼 빨래를 자주 하지는 않지만 전보다 더 신경 써서 빨래를 한다. 옷을 오래 입고 싶기 때문이다. 나는 찬물에 빨래를 한 뒤 집 안이나 야외 건조대에 널어둔다. 또한 흰색 옷, 어두운색 옷, 수건 등 모든 것을 세탁기가 찰 때까지 한데 넣고 돌린다. 나도 스스로 형편없는 사람이라는 것을 잘 알고 있다.

일터 일할 때와 평소 생활할 때 옷 스타일이 많이 다르다면 캡슐 옷장을 좀 더 현명하게 운영할 수 있는 몇 가지 방법이 있다. 프로젝트 333을 시작했다면 업무용 옷에는 캐주얼함을 10퍼센트 더하고, 평상복에는 포멀함을 10퍼센트 더한다. 그 정도의 변화를 눈치채는 사람은 없을 것이고, 어떤 상황에서 어떤 옷을 입어도 부담스럽지 않을 것이다. 유니폼을 입는다면 유니폼 전체를 하나의 아이템으로 고려해야 한다.

몸무게 변화 체중 변화에 맞춰 여러 가지 사이즈의 옷들이 옷장에 구비되어 있다면 그중 한 가지 사이즈의 옷만 선택하는 게 마음 불편할 수 있다. 하지만 챌린지는 3개월이면 끝나고, 웬만한 옷은 3개월이라는 한정된 기간의 체중 변화를 어느 정도는 감당할 수 있다는 것을 명심하길 바란다. 따라서 프로젝트 333을 위해 캡슐 옷장을 꾸릴 때는 지금 현재 자기 몸에 맞는 옷으로 채워둔다.

다른 걱정도 많겠지만, 위에 언급한 것이 프로젝트 333에 대한 가장 큰 두려움이자 한 번도 이 챌린지를 해본 적 없는 사람들이 우려하는 것들이다. 하지만 걱정의 대부분은 사실 상상에서 비롯된 것이다. 그런 걱정거리들은 아예 현실화되지 않을 수도 있다. 실제로 걱정하는 일이 생긴다 해도(아마도 그럴 일은 없을 테지만) 그때 해결하면 그만이다.

일어나지도 않은 일을 핑계 삼아 새로운 변화 앞에서 주저했다는 것을 깨닫고 나면 다른 비슷한 상황이 생겼을 때 무사안일한 선택을 피할 수 있다. 잠시 멀리 떨어져서 삶의 큰 변화를 바라보며 당신의 삶을 성장시키는 데 걸림돌이 되는 것이 무엇인지 생각해보라. 그러면 다음과 같은 두려움이 어떻게 피어나는지 보일 것이다.

소외되는 것에 대한 두려움

우리는 늘 수많은 것을 놓칠까 봐 두려워한다. 어딘가에 참여하지 못할까 봐, 정보와 기회를 잃을까 봐, 연결되지 못할까 봐 전전긍긍한다. 이러한 현상을 '포모FOMO, Fear of Missing Out'라고 하는데, 일종의 고립 공포감을 일컫는 용어다.

많은 사람들은 뒤처지지 않기 위해, 무리에서 소외되지 않고 주목과 사랑을 받기 위해 분투한다. 이메일을 자주 확인하거나 SNS 피드에 지나치게 매달리는 것도 포모에서 비롯된다. 당신은 지금 스스로의 삶 속에 존재하고 싶은 동시에 많은 이들과 연결되고 모든 것을 섭렵하고 싶어 한다. 하지만 당신은 모든 곳에 존재할 수 없다.

포모의 치료제는 '현존現存'이다. 지금 이 순간에 온전히 머물 때 과거에 대한 후회나 미래에 대한 불안에서 벗어날 수 있다. 현재에 집중할 때 당신 주변의 모든 일과 사람을 인식할 수 있다. 큰 그림, 작은 그림, 일상의 모든 조각들, 당신의 삶을 가능케 하는 아주 소소한 일들까지 말이다. 이상은 겉으로 보이는 것만 언급한 것이다. 살아 있음을 온전히 경험하고 깨어 있을 때 내면에서부터 당신의 몸과 마음, 영혼이 달라진다. 그것이 현존이다. 쉬운 일은 아니지만 훈련할 수 있고, 포모를 이겨내는 가장 효과적인 치료제다.

다른 사람을
실망시키는 것에 대한 두려움

이 두려움 때문에 우리는 거절하고 싶은 순간에도 원치 않는 일을 수락한다. 반대 의견을 갖고 있음에도 침묵하고 무력감과 후회를 경험한다. 사람들을 기쁘게 해주고 싶은 성향이 강한 사람일수록 남을 실망시키고 싶어 하지 않지만, 사실 타인이 실망하는 것은 우리와 그다지 관련이 없다.

타인의 기대가 당신의 스케줄, 관심사, 당신의 기대치와 일치하지 않을 때 상대는 실망할 수 있다. 하지만 애초에 그 기대치는 당신이 만들어준 것이 아니므로 당신 책임도 아니다. 타인의 기대치에 부응하는 것이 힘들다면 당신이 기대치를 관리하는 사람이 아님을 떠올리길 바란다. 당신이 관리해야 할 기대치는 당신 자신의 것뿐이다. 또 하나 명심해야 할 중요한 사실은 누군가 실망한다고 해서 세상이 끝나지 않는다는 점이다.

다른 사람을 실망시키게 될까 봐 두려워하는 현상을 '포도FODO, Fear of Disappointing Others '라고 하는데 치료제는 바운더리●를 두는 것이다. 관계에서 오는 충격을 완화하고 서로 실망하는 일을 피하는 한 가지 방법은 당신의 바운더리를 분명하게 제시하는 것이다. 작가인 브레네 브라운Brené Brown은 이렇게 말했다.

"명확함은 친절한 행위이고, 불명확함은 불친절한 행위다."

비즈니스는 우리가 무엇을 기대해도 되는지 지침을 준다. 사람들은 제각각 바운더리를 갖고 있다. 만약 어떠한 비즈니스 방침

● boundary, 인간관계에서 나와 타인을 구분하는 경계이자 서로 지켜야 할 건강한 거리. – 옮긴이

에 동의하지 않는다면 사람들은 당장 그 거래를 그만둘 것이다. 하지만 비즈니스가 아닌 인간관계에서는 조금 다르게 적용된다. 바운더리를 침해당하거나 존중받지 못할 때가 많아도 거래를 끊듯 딱 끊어낼 수 없다. 대부분의 사람들이 이를 이해하겠지만 그렇지 못한 사람들도 있을 것이다. 그래서 어떤 현명한 이는 이런 말을 남기기도 했다.

"바운더리를 설정한다고 당신에게 화를 내는 사람은 바운더리가 없는 당신에게서 이득을 취하려는 자다."

하지만 언제나 당신의 바운더리를 존중해줄 단 한 명의 사람이 있다. 바로 당신 자신! 자신의 바운더리를 존중하는 모습을 보임으로써 다른 사람들에게 바운더리가 중요하다는 것을 상기시키고, 더 나아가 이들이 바운더리를 존중하도록 영감을 전해줄지도 모른다.

자기 자신을
신뢰하는 것에 대한 두려움

자기 자신을 믿는 것이 두렵다면 또는 자기 자신에 대한 확신이 없다면 포모나 포도를 치료하는 것은 불가능에 가깝다. 자신을 믿지 못한다면 현재에 집중할 수도 없고, 자신의 바운더리를 설정하고 지키는 것은 더욱 힘들어지기 때문이다. 오랜 세월 동안 나 자신을 믿는 법을 깨닫지 못했기에 자신 있게 말할 수 있다. 나는 시선을 외부로 돌려 답을 찾고자 했고, 나 자신에 대해 의심할 때가 많았다.

삶이 당신에게 요구하는 일들이나 당신에게 떠맡겨진 일들에 반응만 하는 자동조종장치 모드로 산다면 무엇이 당신에게 최선인지 잊게 된다. 내가 바로 그랬다. 내가 누구인지, 무엇을 믿는지, 나 자신을 어떻게 믿어야 하는지 모두 잊고 살았다. 어쩌면 당신도 그렇게 살고 있는지도 모른다. 자신을 믿기 위해선 마음에 귀를 기울여야 한다. 아주 간단한 마음 수행을 시도해보길 바란다.

1단계 하루에 5분, 조용히 머물 수 있는 당신만의 안식처를 만든다. 심호흡처럼 코로 숨을 들이마시고 (한숨을 내쉬듯) 입으로 숨을 뱉는 간단한 수행을 할 수 있는 곳이라면 어디라도 괜찮다. 집 안에 초와 일기장, 펜 그리고 담요 등 당신의 마음을 편안하게 해주는 아이템을 둘 수 있는 공간이 있다면 좋다.

2단계 두 손을 심장 위에 올린다. 5분 동안 조용히 앉아 있는다. 모든 것을 비워내듯이 몸을 정화하는 심호흡을 몇 차례 한 후

두 눈을 감거나 시선을 아래에 고정시키고 호흡에 집중한다. 이제 한 손을 심장 부근에 올리고 다른 한 손을 손 위에 마저 올린다. 심장이 뛰는 것을 느낀다. 당신의 심장과 손에서 전해지는 온기를 느낀다. 숨을 들이마시고 깊이 내쉬기를 반복하며 심장 박동에 귀를 기울인다. 이 수행을 매일 한다. 조용한 곳에서 해도 되고 마음에 안정을 주는 음악을 틀어놓아도 좋다. 처음 몇 주 동안은 우선 자리에 앉아 심장 소리를 듣는 것에 집중한다. 그런 뒤 질문을 하거나 당신 내면에 움트는 목소리를 듣는다. 꾸준히 한다면 자기 자신을 되찾고 당신에게 무엇이 진정으로 중요한지 깨닫게 될 것이다. 자기 자신을 믿는 법을 배우게 될 것이다.

이 모든 두려움을 떨치고 삶을 온전히 누리길 바란다. 이 두려움은 당신의 보호막이 아니다. 당신의 에너지를 앗아가고 발목을 붙들 뿐이다. 이 3가지 두려움을 떨치기까지는 시간과 연습이 필요할 것이다. 우선은 두려움 그 자체를 인식하는 것에서부터 시작한다. 지금 이 순간에 머묾으로써 뒤처질지 모른다는 두려움에 대응한다. 자신만의 바운더리를 설정함으로써 타인을 실망시킬지 모른다는 두려움에 대응한다. 두 손을 가슴에 대고 자기 불신에 맞선다.

프로젝트 333을 해보지 않은 사람들은 지레 겁부터 먹지만, 해 본 사람들은 그들이 경험한 감사함에 대해 말한다. 나도 이 챌린지를 시작하기 전에는 두려웠고 의문과 변명들로 가득했다. 하지만 결국 문제의 본질은 내가 충분히 갖지 못했다고 생각하는 것이었다.

당신은 항상 부족함을 느낄 것이다. 그러나 챌린지를 마친 후에는 두려움을 이기고 당신이 이미 충분히 소유하고 있다고 말할 수 있을 것이다. 행복해지는 데 생각처럼 많은 것이 필요하지 않음을 깨달을 때 삶은 정말 놀랍게 변화한다. 자신에게 이런 두려움이 있다고 비판하거나 두려움에 얽매이기보다는 두려움을 인정하고 미소 짓고 그저 앞으로 나아가면 된다.

명심해야 할 중요한 이야기를 한마디만 덧붙이자면, 빨래와 날씨는 거미나 뱀이 아니다.

엉망진창

messy

14

소박함을 추구하면 스스로를 개선하기가 더 쉬워진다. 그래서 프로젝트 333은 큰 차이를 만들어내는 챌린지가 되기도 한다. 나뿐 아니라 수많은 사람들에게 프로젝트 333은 인생이 바뀌는 전환점이었다. 소박함을 실천한 덕분에 나는 다발성 경화증을 앓고 있으면서도 건강한 삶을 누릴 수 있었고, 잡동사니와 빚, 스트레스, 지저분한 옷장과 이별하고 훨씬 큰 행복을 느꼈다.

완벽함이 자리할 곳은 없다

프로젝트 333의 캡슐 옷장 챌린지는 정해진 방법이 있는 것이
아니다. 또한 완벽하게 해내야 한다는 데 집착하면 모든 일이
그렇듯 시작조차 하지 못한다. 그러니 프로젝트를 진행하는 동
안 스스로 답을 찾으며 즐거움을 느낄 여유를 자신에게 허락하
길 바란다. 규칙이 있기야 하지만, 이는 최선의 방식을 제시하
려고 만들어진 것이 아니다.

나는 지금껏 프로젝트 333 옷장의 다양한 버전을 보았다. 비록
나한테는 맞지 않아도 그것을 만든 당사자에게는 가장 잘 맞는
방식이었다. 색감이 화려한 재킷을 좋아하거나 패턴이 들어간
셔츠를 좋아한다면 33개 아이템에 넣어도 되고, 드레스로만 구
성하고 싶다거나 드레스는 하나도 넣고 싶지 않다거나 여벌의
신발이 필요하면 원하는 대로 해도 된다. 약간의 불확실성과 거
대한 혼돈에 너그러워져야 한다. 대부분의 일이 그렇듯 말이다.
정말 좋아하는 스타일의 옷이 한두 벌 있다면 33가지 아이템을
유니폼처럼 만들어 매일 비슷한 스타일의 옷을 입을 수도 있다.
인터넷에서 영감과 실험의 소재를 참고하되 당신이 입고 싶은
옷들로 당신만의 옷장을 만들어야 한다. 자신이 뭘 원하는지 잘

모르겠다면 일단 시작하면서 찾아가는 수밖에 없다.

내가 할 수 없을까 봐 또는 완벽하게 해내지 못할까 봐 지레 겁먹고 시작조차 못 한 일이 너무도 많다. 학교 성적표식 사고방식에 얽매여 있었고, 내가 무슨 일을 하고, 무슨 옷을 입고, 어디에 살고, 돈을 어떻게 소비하는지 사람들이 나를 채점할 거라고 생각했다. 한심한 소리라는 것은 잘 알고 있다. 그렇지만 누구나 '사람들이 나를 어떻게 생각할까?', '어떻게 해야 주변 사람들의 기대에 부응할수 있을까?' 같은 생각을 조금씩은 하

면서 살고 있다. 그래도 괜찮다. 우리에 대해 이러쿵저러쿵 말을 늘어놓겠지만 결국 사람들은 남들 이야기가 아니라 자기 이야기만 늘어놓을 테니깐. 나 또한 남을 평가하고 판단하는 버릇이 있다는 것을 발견하고, 이건 그들의 문제가 아니라 내가 지닌 두려움, 오직 나의 문제였다는 사실을 이내 깨달았다.

완벽함, 평가, 평가에 대한 두려움의 실체를 확인한 후 (지금도 한 번씩 삐끗하긴 하지만) 나는 전혀 할 줄 모르는 일들, 잘될지 확신할 수 없는 일들에 도전하기 시작했다. 모든 것을 흐트러뜨리고 뒤엎은 뒤 다시 조합하고 새로 만들면서, 발을 헛디디며 나아가다 보면 혼란스러웠던 내 아이디어가 한 마리 나비로 변신하는 것을 발견하게 된다. 프로젝트 333의 목적은 완벽한 캡슐 옷장을 만드는 것이 아니다. 그보다는 마음의 여유를 허락하는 공간을 갖는 데 있다. 이 패션 챌린지의 나비는 옷장이 아니다. 바로 당신이다.

엉망인 채로 둔다

소박한 생활이 우리의 삶에 건강과 부, 행복을 더하지만 그렇다고 해서 자잘한 문제까지 모두 해결해주는 것은 아니다. 예를 들면,

- 옷장은 깔끔해졌지만 감기에 걸리곤 한다.
- 빚은 다 갚았지만 여전히 불안에 짓눌린다.
- 복잡했던 캘린더는 말끔해졌지만 여전히 안팎으로 상처를

받는다.

- 매일 명상을 하지만 후회할 만한 말을 내뱉는다.
- 집은 잡동사니 하나 없이 깨끗해졌지만 정작 나 스스로 엉망진창일 때가 있다.
- 작은 집으로 옮겨 작은 사업을 운영하고 있지만 여전히 큰 문제들이 닥친다.

미니멀리즘을 통해 완벽한 삶을 달성할 수 없고, 그것을 바라서도 안 된다. 단순함은 스트레스를 줄이고 삶을 좀 더 개선하는 도구이지, 삶을 통제하게 해주는 도구가 아니다. 삶을 (또는 이 세상을) 통제할 수 있다는 기대를 해서도 안 된다. 이제 막 소박한 삶에 진입하는 중이거나, 그렇게 살려고 분투하고 있거나, 자신의 삶을 그런 삶과 비교하는 중이거나, 소박한 삶의 이면에 관해 궁금해하는 사람들을 위해 한 가지만 말해두고 싶다. 나는 미니멀리즘과 소박한 삶이라는 아름다운 그림을 그리지만, 어떤 날은 엉망진창이 될 때가 있다. 이것은 어쩔 수 없는 인간의 본성이다. 인간인 이상 어떤 날은 기분이 좋고 어떤 날은 나락으로 떨어지는, 업다운을 경험할 수밖에 없다.

이제 나는 옷장에는 더 이상 신경 쓸 필요가 없지만, 그 대신 나 스스로를 매일 가꿔야 한다. 침착하고 균형 잡힌 내면은 저절로 찾아오지 않기 때문이다. 나는 침착하게 굴고 싶을 때 과민하게 군다. 내려놓고 싶은데 오히려 꽉 움켜쥐는 경우도 있다. 분명 사랑스러운 삶 곳곳에 엉망진창인 구석들이 있다. 완벽하게 안정되었다고 느낄 때도 있지만 내가 애써 집중하지 않는다면 순식간에 통제력을 잃고 만다. 그럼에도 적게 소유하고, 모닝 루틴을 행하고, 나 자신을 잘 돌봄으로써 더욱 나답게 살 수 있다. 주말에 몰아서 해치우려고 애쓰는 것보다 매일 조금씩 행동하는 것이 더욱 중요하다. 치열함보다 일관성이 중요하다. 그것은 날마다 조금씩 행하는 모험이다.

삶은 엉망진창이다. 단순함은 도움이 되기는 해도 만능 치료약은 아니다. 결국에는 끊임없이 자기 자신에 대해 생각해야 한다. 나 자신에게 무엇이 중요하고 소중한지 잊지 않으려고 노력해야 한다. 그래야 정신없이 바쁘고 슬프고 두렵더라도, 따뜻하고 사랑 넘치며 멋지고 우아한 모습을 지켜나갈 수 있다.

주변 상황이 혼란스럽다고 해서 당신까지 마음의 균형을 잃을 필요는 없다. 가장 멋진 자신의 모습을 지킬 수 없는 날, 모든 것이 엉망인 날에는 스스로에게 관대함을 베풀어야 한다. 당신이 할 수 있는 것 이상을 기대해서도 바라서도 안 된다. 인내심을 갖고 곧 나아지리라 믿어야 한다. 아주 힘든 하루를 보내는 좋은 친구를 대하듯 자신을 대해야 한다. 단순함은 삶을 개선하기 위해서이지 완벽하게 만들기 위해서가 아니다. 우리는 마음만 먹으면 거대한 혼란 속에서도 무언가를 배울 수 있다.

당신이 만든 캡슐 옷장은 결코 완벽하지 않을 것이다. 그럼에도 해야 한다. 매 시즌마다 조금씩 나아질 것이다. 완벽이 아니라 나아지는 것 말이다. 완벽하지 않다는 것은 앞으로 더 큰 행복, 더 큰 모험, 더 멋진 관계가 남아 있다는 것을 의미한다. 당신 자신과의 관계를 포함해서.

지루함

boredom

15

3개월 동안 33개 아이템만 입을 수 있다고 하면 굉장히 지루하겠다는 생각부터 들지 모르겠다. 입을 옷이 부족할까 봐, 그래서 금세 지겨워질까 봐 걱정될 것이다. 옷이 인생의 최대 관심사인 사람에게는 당연한 걱정이다. 옷장에 옷이 가득하던 시절에는 나도 그랬다. 옷을 하나씩 훑으며 입을 게 하나도 없다고 생각하곤 했다. 옷장을 단조롭지 않게 만들려고 계속 무언가를 사들였고, 성공적인 쇼핑을 마친 후에는 모든 문제가 해결되었다고 생각했다. 하지만 얼마 지나지 않아 새 옷을 샀다는 흥분이 가라앉고 주머니 사정이 조금 더 가벼워지면, 나는 새 옷이 필요하다고 생각했던 얼마 전처럼 지루함을 느꼈다.

새로운 아이템을 찾아 헤매던 나는 단지 내 멋진 룩을 위해서가 아니라 내 인생의 다른 문제들도 새 옷만 있으면 해결될 것이라고 착각했다. 멋진 룩을 완성시켜줄, 모든 혼란을 예쁘게 매듭지어줄, 나를 완벽하게 만들어줄 스카프, 벨트, 재킷이 필요하다고 생각했다. 제대로 된 의상만 있다면 내 삶에 좀 더 흥미를 가질 수 있을 것 같았고, 좀 더 매력적인 사람이 될 수 있을 것 같았고, 미완인 것만 같은 내 인생까지 완성형이 될 것만 같았다. 새로운 물건이 내 안의 불안과 불만족을 잠재워주리라 믿었다. 물론 단 한 번도 성공하지 못했다.

그간 어떤 이야기를 듣고 어떤 신념을 갖게 되었는지는 몰라도 옷은 당신을 더 나은 사람으로 만들어주지 않는다. 나는 정말 무언가가 필요해서 쇼핑을 한 적이 거의 없었다. 행복해지려고, 스타일리시하고 싶어서, 날씬해 보이고 싶어서, 능력 있는 사람처럼 보이고 싶어서, 다른 사람들의 기대를 충족시키려고, 지루함에서 벗어나고 싶어서 옷을 샀다. (가고 싶지도 않았던) 회의나 행사에 잘 어울릴 만한 옷을 갖고 싶어서, 소속감을 느끼고 싶어서 옷을 맞춰 입었다. 새 신발을 신고 늘씬하게 잘 빠진 재킷을 입으면 성과가 잘 나오고, 더 멋지고 행복해지고, 더 나은 사람이 될 것 같은 생각에 갖은 이유를 갖다 붙이며 쇼핑을 했다.

하지만 실제로 그런 일은 일어나지 않았다. 대신 후회와 빚, 짐만 남았고, 이 불행에서 벗어나기 위해 또 쇼핑을 했다. 물론 쇼핑의 대상은 옷뿐만은 아니었지만 옷이 내 최대 관심사였다. 옷을 줄이고 나서야 내가 그간 무슨 짓을 했는지 확실히 깨달을 수 있었다. 수년간 33개 이하의 아이템으로 생활하면서 나를 더욱 나은 사람으로 만들 수 있는 것은 오직 나밖에 없다는 것을 깨달았다.

지루한 생활로 돌아오다

작은 캡슐 옷장에 질릴까 봐 걱정이거나 지금의 큰 옷장에 싫증을 느낀다면 옷이 문제가 아닐 수도 있다. 변화를 더하기 위해 스카프 한 장, 신발 한 켤레, 신상 립스틱을 사기 전에 당신이 정말 관심을 갖는 대상이 무엇인지, 당신이 정말 싫증을 느끼는 대상이 무엇인지 생각해보길 바란다.

옷장에 변화를 일으켜서 삶을 바꾸려 했던 때를 떠올려보라. 그 효과가 오래 지속되었는가? 옷을 줄이면 당신의 삶에 시간과 여유 공간이 더 생기는 것은 맞다. 하지만 거기서 한발 더 나아가 정말로 관심 가는 일에 몰두할 수 있을지 어떨지는 오로지 당신 하기 나름이다. 쇼핑만큼 손쉽지는 않겠지만 당신의 삶에 생기를 더하는 것을 찾는다면 속앓이를 할 일이 훨씬 더 적어질 것이다.

가지고 있는 옷에 싫증이 나거나 좌절감까지 느낀다면 아마도 이런 감정은 옷 때문에 비롯된 것이 아닐 것이다. 그 원인이 무엇인지 찾아내고 싶다면 시선을 돌려 아래의 항목 중 하나를 시도해보길 바란다.

옷장이 지겨워질 때
시도해야 할 33가지 아이디어

1. 신나는 80년대 댄스곡 위주로 플레이리스트를 만들고 음악에 맞춰 춤을 춘다.
2. 글쓰기 수업이나 북클럽을 수색한다.
3. 친구들과 보물찾기 게임을 한다.
4. 블로그를 시작한다.
5. 요가 수업을 듣는다.
6. 주민 회의나 지역 행사에 참여한다.
7. 이웃을 위해 홈베이킹을 한다.

8. 명상을 배운다.

9. 스마트폰 및 전자기기와 24시간 동안 멀어진다.

10. 30일간 당신만의 건강 챌린지를 시작한다: 설탕 끊기, 채식 주의자 되기, 스무디 매일 마시기.

11. 마사지를 받는다.

12. 소박한 삶을 다룬 책을 읽는다.

13. 바질, 오레가노, 로즈메리 등 허브 정원을 가꾼다.

14. 새로운 레시피에 도전한다.

15. 낯선 도시에 방문한다. 또는 자신이 사는 도시의 낯선 지역 에 가본다.

16. 《죽음의 수용소에서》를 읽는다.

17. 오래 산책한다.

18. 영감 넘치는 인터뷰를 담은 팟캐스트를 듣는다.

19. 노숙자 쉼터에서 자원봉사를 한다.

20. 당신에게 의미 있는 자선 단체를 찾아 시간과 재능, 소중한 물건을 기부한다.

21. 당신에게 중요하지 않은 25가지 물건을 주변에 나눠준다.

22. 48시간 동안 당신 옆을 지나가는 사람들에게 웃으며 인사 한다.

23. 혼자만의 점심 데이트를 한다. 그렇다. 혼자서 먹는 것이다.

24. 평소 읽고 싶었던 책에 도전한다.

25. 훌루Hulu•, 넷플릭스, 케이블 등을 일주일 또는 그 이상 멀리한다.

26. 중요하지 않은 약속 2개를 취소한다.

27. 박물관을 거닌다.

28. 좋아하는 작가의 책을 읽거나 강연을 듣는다.

29. 양로원에 책을 기부한다.

30. 영감을 행동으로, 현실성 없어 보이는 아이디어를 진짜 현실로 만든다.

31. 당신이 꼭 해보고 싶은 버킷 리스트나 좋아하는 라이킷 리스트 84가지를 목록으로 만든다.

32. 의미 있는 모닝 루틴을 만든다.

33. 종이에 펜으로 쓴 러브레터를 우표를 붙여 보낸다.

문제는 옷장 속 아이템 가짓수가 아니라 자신의 의식을 어디에 집중시킬 것인가다. 위에 나온 리스트 중 몇 개를 골라 직접 실천

• 미국의 OTT 서비스 기업.-옮긴이

해보거나 당신만의 고유한 리스트를 만들어보길 바란다. 지겨운 일상에서 벗어나기 위해 습관적으로 쇼핑을 했다면, 위의 33가지 아이디어가 작은 돌파구가 될 수 있을 것이다. 당신의 일상에 힘을 불어넣는 일에 시간, 돈, 에너지를 소비한다면 더 이상 옷장에 싫증을 느끼지 않게 될 것이다.

한 가지 급진적인 아이디어를 제시하자면 지루함을 받아들이는 것도 좋은 방법이다. 감정을 해소하지 말고 온전히 받아들이라고 하면 불합리하고 막막하게 들리겠지만, 때로는 감정이 요구하는 것이 오로지 그뿐일 때도 있다. 슬플 때는 슬퍼하라. 좌절감을 느낄 때는 좌절하라. 지루하다면 지루해하는 것이다. 모두 지나갈 일이다.

캡슐 옷장

capsule

16

첫 3개월을 보낸 후 이 미니멀리스트 패션 챌린지를 계속할지 중단할지는 모르겠지만, 프로젝트 333을 바탕으로 시즌별 캡슐 옷장을 만드는 것을 고려해보면 좋다. 프로젝트 333의 첫 시즌은 먼 훗날이나 큰 그림을 고려하지 말고 당장 3개월치의 아이템에만 집중하길 추천한다. 자신에 대해 그리고 패션에 대해 새로운 깨달음을 얻게 될 것이므로 챌린지 시작과 끝에 당신의 생각과 태도가 바뀔 수 있다. 때문에 장기적인 옷장 컬렉션을 꾸리기에 앞서 자기 자신을 파악하는 시간을 가지는 것이 좋다.

프로젝트 333 규칙을 (또는 당신만의 수정된 버전을) 따르면 캡슐 옷장을 구성하는 데 큰 도움이 되지만 다른 방법도 있다. 영양사이자 미니멀웰니스minimalwellness.com의 창립자인 베카 션Becca Shern은 트리플 M 전략을 쓴다.

나는 '내 스타일'이 무엇인지 전혀 몰랐지만 옷장 속 아이템을 보며 애증을 느낀 적이 많았다. 내 취향이 아니었지만 유행이거나 이렇게 입어야 한다는 생각에 사로잡혀서 구매한 옷들이 대다수였다. 몸에 잘 맞지 않는 옷도 많았다. 어릴 적부터 계속 이어져온 관성에 따라 너무 크거나 헐렁한 옷이 주류였다. 무슨 옷을 얼마나 입는지, 입을 때 어떤 기분이 드는지, 어떻게 보이는지에 대해 솔직하게 생각해본 뒤 입지 않는 옷이나 내 개성과 어울리지 않는 옷을 과감히 정리했다. 내 몸에 맞는 사이즈와 모양, 스타일에만 집중해 옷을 추렸다. 그 결과 한결 멋진 옷장이 탄생했고, 나를 더욱 돋보이게 만들어줄 옷들만 남아 자존감이 높아졌다. 프로젝트 333을 시도한 이라면 누구나 경험하는 이점일 것이다.

개개인마다 스타일이 다르고 스타일이란 시간에 따라 변하기 마련이지만, 현재 나는 단색의monochrome 모던하고modern 다용도로 활용할 수 있는multifunctional 트리플 M 스타일에 심취해 있다. 트리플 M 스타일로 추린 옷장
이 내 라이프 스타일에 최적이라는 것
도 체감하고 있다. 흰색, 회색, 검은색
으로 구성된 옷은 거의 모든 아이템을
다양하게 코디할 수 있고, 깨끗하고 모
던한 느낌을 준다.

이렇게 단순하게 옷장을 구성하고 나
니 옷을 입을 때마다 어떤 아이템이 서
로 어울리는지 고민하느라 시간과 에너
지를 쓸 필요가 없어졌다. 어떤 아이템을 골라도 잘 어울린다
는 것을 아니까. 덕분에 다양하게 옷을 조합해 입을 수 있어 실
제보다 훨씬 많은 옷을 가진 듯한 기분이 든다. 예컨대 다크 블
루 청바지와 블랙 청바지는 옷을 차려입을 때도, 캐주얼하게
입을 때도 어울린다. 또한 레깅스 몇 벌을 가지고 겨울에는 내
의로, 다른 때는 평상복으로 입기도 한다(액티브 웨어가 사라지지
않고 꾸준히 성장하고 있어 얼마나 기쁜지 모른다). 셔츠는 대부분 갖춰
입어야 할 때와 캐주얼하게 입어야 할 때 모두에 어울리고, 운
동할 때도 입을 수 있다.

내가 옷을 고르는 또 하나의 기준은 바로 '품질'이다. 예전에

만 해도 옷장과 서랍 속에는 한 철만 입고 버려야 할 저렴한 아이템이 가득했다. 이런 옷들은 당연히 내 몸에도 잘 맞지 않고, 금방 망가지거나 입어도 예쁘지가 않았다(안녕, 보푸라기). 고품질에 내구성이 좋고 다용도로 활용할 수 있는 옷이 내 돈과 정신적 에너지를 아끼고, 환경에 미치는 영향도 줄이며, 훨씬 예쁘다.

다양한 라이프 스타일과 연령, 커리어, 체형을 지닌 전 세계의 남성과 여성 그리고 아이들이 프로젝트 333을 통해 캡슐 옷장을 만들었다. 비모어위드레스의 프로젝트 333 자료 페이지에 소개된 인스타그램과 블로그 링크를 방문하면 다른 사람들이 프로젝트 333 옷장을 어떻게 꾸몄는지 참고할 수 있다.

당신만의 캡슐 옷장을 만들면 결정 장애와 지각, 쇼핑몰에서 저지르는 시간 낭비 같은 것에는 작별 인사를 고하게 된다. 대신 저축과 간편한 외출 준비, 자신에게 진정 중요한 가치 찾기 같은 것에 환영 인사를 건네게 된다. 캡슐 옷장 만들기에 도전할 준비가 아직 안 되었다면 시험 삼아 해볼 수 있는 몇 가지 일이 있다. 다음에 제시된 팁을 따라하면 옷을 더 적게 소유하는 삶을 경험할 수 있고, 어쩌면 진짜 캡슐 옷장을 만드는 단계로 넘어갈 자신감과 동력도 얻을 수 있을 것이다. 어마어마한 옷들을 어떻게 정리하고 줄일지 가늠조차 되지 않는다면 다음의 팁이 도움이 될 것이다.

액세서리를 치운다. 스카프, 핸드백, 주얼리 등 액세서리로 쓰는 다양한 아이템을 모두 치우거나 하나만 남겨둔다. 영구적인 방안은 아닐지 몰라도 단 몇 달간만이라도 액세서리에서 자유로워지면 외출할 때마다 무엇을 착용할지 고민하느라 애쓸 필요가 없다.

가장 좋아하는 색을 입는다. 파란색을 좋아하지만 단조로움을 피하기 위해 또는 당신이 가장 즐겨 읽는 패션 매거진이 이달의 색으로 선정했기 때문에 빨간색 아이템을 장만했다면 이제 그런 쇼핑에서 벗어나길 바란다. 계절에 따라 혹은 그렇게 입어야만 할 것 같은 생각에 사로잡혀 옷을 입을 필요는 없다. 당분간은 자신에게 맞지 않는 색감이나 패턴은 모두 멀리한다.

모두 한곳에 보관한다. 예전에는 옷을 옷장, 서랍, 상자에 나눠 보관했다. 그러다 보니 옷이 얼마나 많은지 파악하지 못했다. 되도록이면 모든 옷을 한곳에 보관하고, 당신이 자주 입고 좋아하는 옷과 그렇지 않은 옷을 나누어보라. 입지 않는 옷들을 뒤

적이며 입고 싶은 옷을 찾느라 애쓸 이유가 전혀 없다.

가장 좋아하는 옷 5가지를 추린다. 통계를 보면 많은 사람들이 갖고 있는 옷의 20퍼센트만 입는다고 한다. 그럼에도 우리는 매일 아침 '오늘은 뭘 입지?' 고민한다. 그러니 당신이 가장 좋아하는 의상 5가지를 사진으로 찍은 다음, 옷장을 열기 전에 사진을 보며 먼저 선택을 마치면 한결 마음이 편안해진다.

태그를 모두 뗀다. 옷장 속에 여전히 태그가 붙은 옷이 있다면 태그를 떼어버리고 그 옷도 처분하길 권한다. 누군가에게 선물해도 좋고, 팔아도 좋다. 태그 자체가 나쁠 것은 없지만 태그가 달린 옷을 볼 때마다 충동적인 쇼핑, 과소비, 후회 같은 스트레스를 마주하기 때문이다.

옷장에는 같은 사이즈의 옷만 보관한다. 다양한 사이즈를 구비해놓는 것이 안전망처럼 느껴지겠지만 사실 자신의 몸매에 대한 부정적인 생각만 들게 한다. 작은 사이즈의 옷이 체중 감량에 도움이 된다는 증거는 없다. 자신의 몸에 맞는 사이즈의 옷만 옷장에 두도록 한다.

죄책감을 내려놓는다. 옷장은 수많은 감정을 불러일으키지만 그중에서도 죄책감을 가장 크게 일으킨다. 과소비했다는 죄책감, 구매한 옷을 입지 않는다는 죄책감, 내 몸에 맞지 않는 옷에 대한 죄책감, 다른 사람이 준 옷을 묵혀둔다는 죄책감 말이다. 안타깝게도 죄책감은 조금도 생산적이지 않은 감정이다. 옷장에 걸린 옷을 보며 어떤 식으로든 죄책감을 불러오는 아이템은 모두 꺼낸다. 박스에 넣어두고 3개월 후에 다시 살펴본다. 그때도 여전히 마음에 들지 않거나 여전히 부정적인 감정이 생긴다면 처분한다. 더불어 당신이 집 또는 삶에서 죄책감을 느끼는 일은 없는지 생각해보고 그 감정 역시 흘려보내야 한다.

음악을 더한다. 새로운 옷을 살 때마다 세일 중이라서, 쇼핑에 재미를 더하기 위해서라는 등의 변명을 하지 마라. 대신 일상에 음악을 들여놓길 바란다. 당신을 미소 짓게 만드는 노래 10곡으로 플레이리스트를 만든 뒤 쇼핑하고 싶을 때마다 음악을 듣는 것이다. 기분을 전환해줄 뿐 아니라 음악을 듣는 동안 마음이 진정되고 머릿속에서 쇼핑 욕구를 지우는 여유가 생길 것이다. 프로젝트 333 자료 페이지에서 내가 선정한 10곡의 플레이리스트를 확인할 수 있다.

친구에게 도움을 요청한다. 당신이 소지한 아이템에 감정적으로 얽혀 있지 않은 친구를 초대해 함께 옷을 정리한다. 어떤 옷을 포기할지 친구의 의견을 믿어야 한다.

캡슐 옷장을 위해 구매하지 않는다. 말 그대로다. 캡슐 옷장을 만들기 위해 새 옷을 들이는 것은 바람직하지 않다. 33개의 '완벽한 아이템'을 구매할 수도 있지만, 자칫 3개월 뒤에 다시 보면 마음에 들지 않는 아이템을 빚을 내어 산 꼴이 될 수도 있다. 당신이 이미 가진 아이템을 입으며 정말 필요한 게 무엇인지 찾아가야 한다. 아이템을 한두 개 장만하는 것이라면 문제될 것은 없지만, 지금 갖고 있는 옷으로 3개월을 지낸다면 당신에게 최적화된 캡슐 옷장을 만들기 위해 정말 필요한 아이템이 무엇인지 좀 더 명확히 깨달을 수 있다.

캡슐 옷장 만들기

사는 지역에 따라 날씨와 계절에 맞춰 하나 이상의 캡슐 옷장이 필요할지도 모른다. 프로젝트 333의 캡슐 옷장은 3개월용이다. 나는 1년에 네 차례씩 계절에 맞춰 캡슐 옷장을 정리한다. 이 말만 들으면 사람들은 보통 내가 1년에 132개 아이템(4×33)을 활용할 거라 생각하는데, 사실 이것보다 훨씬 적다. 나는 한 시즌을 마치고 다음 시즌의 프로젝트 333을 시작할 때 다음과 같이 옷장을 정리한다.

1월부터 3월까지 겨울 시즌 끝자락이 되면 봄에는 필요하지 않은 아이템을 모두 정리한다. 그렇게 정리하고 나면 절반가량이 남는다. 다음은 봄까지 착용할 수 있는 겨울 아이템이다.

1. 작은 핸드백

2. 노트북 가방

3. 선글라스

4. 팔찌

5. 목걸이

6. 스카프

7. 신발: 블랙 플랫

8. 신발: 블랙 힐

9. 신발: 워킹화

10. 청바지

11. 블랙 스커트

12. 네이비 드레스

13. 블랙 탱크톱

14. 화이트 버튼다운 셔츠

15. 긴팔 블랙 셔츠

16. 블랙/그레이 셔츠

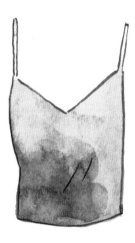

17. 블랙 스웨트 셔츠

18. 네이비 블레이저

여기에는 여름과 가을철 옷장에도 포함될 아이템이 대다수다. 프로젝트 333은 3개월마다 완전히 새로운 옷장을 만드는 것이 아니다. 기온 차가 큰 계절이 걱정이라면 33개 아이템을 한 시즌 동안 모두 사용해야 하는 것은 아니라는 점을 명심하길 바란다. 기온이 낮거나 따뜻한 초기에 입을 몇 벌과 완전히 날씨가 달라지는 말기에 입을 몇 벌을 준비한다. 내가 정한 33개 아이템 중 절반 이상이 6개월 이상 입을 수 있는 것들이다.

새 시즌용 캡슐 옷장을 만들기 전에 바로 전 시즌을 살펴보며 이번 시즌까지 쓸 수 있는 아이템이 무엇인지 생각해보자. 매 시즌마다 이렇게 하면 점차 옷장 규모를 줄일 수 있고, 프로젝트 333의 이점을 더욱 많이 경험하게 될 것이다.

인터뷰 1. 에린

winter

17

이름: 베레나 (에린) 폴로위Verena (Erin) Polowy

지역: 캐나다 앨버타주 에드먼턴

캡슐 옷장 컬러: 그레이, 네이비, 다크 레드, 베이지

캡슐 옷장 기본 아이템: 스웨터, 청바지, 부츠, 티셔츠

가장 좋아하는 옷: 겨울에는 심플하게 입는 것을 좋아해서 신축성 있는 편안한 블랙 팬츠에 도톰하고 따뜻한 스웨터와 부츠를 신어요.

인스타그램: @verenaerin

웹사이트: verenaerin.ca

지속 가능한 스타일을 추구하는 에린은 유튜브 채널인 마이그린클로젯My Green Closet을 통해 친환경적·윤리적 패션과 캡슐 옷장, 자연스러운 아름다움, 미니멀리즘, 패션 업계의 현주소, 의식적인 삶에 관한 영상을 공유한다. 지난 몇 년간 프로젝트 333 옷장을 온라인으로 공유해온 에린을 소개하게 되어 개인적으로도 무척 기쁘다.

Q. 본인 소개를 해주세요.

A. 옷을 사랑하고 패션 디자인 업계에 경력이 있는 터라 제 옷장이 이렇게 소박한 걸 알면 사람들이 많이들 놀라곤 해요. 제게는 지속성이 가장 중요한데, 캡슐 옷장 덕분에 소비와 쓰레기를 줄이는 것 외에도 지속 가능하면서도 윤리적으로 옷을 생산하는 브

랜드에 투자하며 제가 환경에 끼치는 영향력을 줄이고 있어요. 캐나다 사람인 저는 최근 3년가량의 독일 체류 생활을 접고 캐나다의 추운 지역으로 돌아온 터라, 처음 시작하던 때와 달라진 기온에 맞춰 캡슐 옷장을 바꿨어요. 저는 블로거이자 유튜버, 컨설턴트로 일하고 있습니다.

Q. 처음 프로젝트 333을 접한 계기는 무엇이었나요?

A. 좀 더 의식적으로 살고 소비하고자 하는 욕망이 있어서 이 여정을 시작하게 되었어요. 패션 업계가 끼치는 환경적·윤리적 영향력이 우려스러웠고, 제 패스트 패션 쇼핑 습관을 바꿔야겠다는 생각이 들었죠. 더 나은 품질의 옷에 투자하고, 제 가치와 일치하는 브랜드에 힘을 실어주고 싶었어요. 이런 변화를 조금씩 적용해나가다 보니 캡슐 옷장에 대해 배우게 됐어요. 훌륭한 해결책이라는 생각이 들었죠. 양보단 질에 집중하면서도 옷을 다양하게 조합할 수 있는, 작지만 알찬 옷장이요. 캡슐 옷장에 대해 더 많이 알아가다 보니 프로젝트 333을 만났고, 이 프로젝트야말로 제 옷장과 쇼핑 습관을 '리셋'해줄 완벽한 방법이라는 생각이 들었어요. 처음엔 1년만 해보자 했던 게 벌써 4년이 넘었고, 이제는 예전의

옷장으로 돌아가는 것은 상상도 할 수 없어요.

Q. 캡슐 옷장을 통해 무엇을 배웠나요?

A. 가장 큰 교훈은 옷과 스타일을 사랑하거나 즐기는 데 엄청
나게 큰 옷장이 필요하지 않다는 거요. 큰 고민 없이 옷을 입
을 수 있다는 게 너무 좋고, 작은 옷장 덕분에 제 스타일의
옷들로 창의력을 발휘해서 이런저런 조합을 만들어낼 수 있
다는 것도 좋아요. 제가 좋아하는 의상은 사실 옷장이 컸다
면 시도해보지 못했을 조합으로 나온 게 많아요.

캡슐 옷장은 우리가 편안하고 자주 입는 옷에 집중되어 있
어서 자신의 스타일을 알아가고 죄책감이나 부정적인 감정
을 불러오는 옷은 과감히 포기하도록 해주죠. 이제 제 옷장
은 스트레스와 죄책감만 느끼던 혼돈의 공간이 아니라 제가
좋아하는 옷으로만 가득 찬 단순한 공간이 되었어요. 무엇
보다 지속 가능하면서도 윤리적인 가치를 반영한 옷장을 만
드는 게 저한테는 가장 의미 있는 일이에요. 소비를 대폭 줄
였기 때문에 책임질 줄 아는 브랜드에 더 많이 투자할 수 있
게 되었고, 이 또한 무척 만족스러운 변화죠.

Q. 프로젝트 333이나 캡슐 옷장을 시작하는 사람들에게 전하고 싶은 조언이 있나요?

A. 배움의 과정이 필요하기 때문에 단숨에 아무런 문제 없이 잘 실행되길 기대해선 안 돼요. 예상했던 대로 흘러가지 않는다고 해서 자기 자신에게 너무 가혹하게 대해서도 안 되죠. 캡슐 옷장을 통해 자신의 스타일에 대해 그리고 본인의 라이프 스타일에 무엇이 맞고 맞지 않는지를 배우게 될 거예요. 매 시즌마다 배운 것을 다음 시즌의 캡슐 옷장에 적용할 수 있죠. 그러다 보면 점차 캡슐 옷장을 꾸리는 것이 쉬워지고, 자신이 가장 좋아하는 아이템과 옷에 대한 감각이 살아날 거예요.

'규칙'에 너무 얽매이지도 마세요. 자신한테 잘 맞지 않는다면 규칙을 바꾸거나 조정하면 돼요. 캡슐 옷장은 당신을 위한 유용한 수단이니 자신에게 맞게 만들어가면 됩니다.

Q. 옷장에 덜 신경 쓰게 된 후 다른 열정을 좇을 여유가(시간/돈/에너지) 더 생겼나요?

A. 예전에는 재미 삼아 쇼핑을 하는 데 굉장히 많은 시간을 쏟아부었어요. 그런데 이제는 그 시간을 온전히 제가 즐거워

하는 일에 쓰니까 더 만족스러운 삶을 살게 된 것 같아요. 캡슐 옷장은 더욱 여유로운 삶, 내게 중요한 일에 몰입하는 삶이라는 거대한 변화의 물꼬를 트여줬죠. 지금은 열정을 품고 일하면서 경력을 쌓아가고, 소비를 줄이면서 더 단순한 삶을 살게 되었어요. 저와 남편은 이제 여행을 비롯한 다른 경험에 돈을 쓸 여유가 조금 더 생겼어요. 제가 무엇보다 감사하게 생각하는 일입니다.

에린의

겨울 프로젝트 333 리스트

1. 오버사이즈 스트라이프 버튼다운 셔츠

2. 길이감 있는 블루/그레이 셔츠

3. 다크 그레이 브이넥 리넨 티셔츠

4. 네이비 스쿠프넥 티셔츠

5. 마룬과 화이트 체크

튜닉

6. 다크 그레이/블루 벨벳 바디 슈트

7. 그레이 니트 톱

8. 다크 그레이/브라운 브이넥 스웨터

9. 다크 레드 스웨터

10. 화이트 아이슬란드 스웨터

11. 라이트 그레이 스웨터

12. 다크 부츠컷 청바지

13. 다크 브라운 울 팬츠

14. 블랙 스키니 니트 팬츠

15. 네이비 리넨 미디 스커트

16. 그레이 니트 쇼트 스커트

17. 베이지 카디건

18. 블랙 체크무늬 드레이프 카디건

19. 오버사이즈 그레이 재킷

20. 레드/네이비 울 코트

21. 긴팔 블랙 드레스

22. 울 드레이프 드레스

23. 그레이 티셔츠 드레스

24. 베이지 핸드백

25. 그레이 백팩

26. 크림 니트 베레모

27. 블루 케이블 니트 비니

28. 컬러블록 스카프

29. 페이즐리 블랭킷 스카프

30. 블루 장갑

31. 블루 스노 부츠

32. 버건디 힐 부츠

33. 라이트 브라운 앵클 부츠

인터뷰 2. 크리스틴

spring

18

이름: 크리스틴 플랫Christine A. Platt

지역: 워싱턴 D.C

캡슐 옷장 컬러: 블랙, 데님, 눈에 확 띄는 색

캡슐 옷장 기본 아이템: 점프 슈트/롬퍼스, 데님 재킷, 스키니 진

가장 좋아하는 옷: 레드 점프 슈트

인스타그램: @afrominimalist

웹사이트: theafrominimalist.com

인스타그램에 #project333 해시태그를 검색하다 크리스틴의 계정

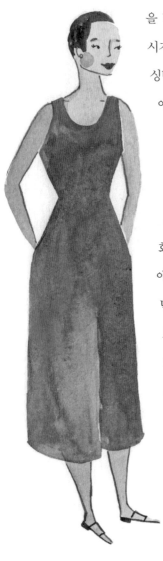

을 발견한 나는 그녀가 올린 사진과 메시지를 보고는 곧장 사랑에 빠졌다. 워싱턴 D.C와 같이 빠르게 돌아가는 도시에서 슬로 패션에 도전하는 그녀에게 찬사를 보낸다.

Q. 본인 소개를 해주세요.

A. 아프리카계 미국인의 역사와 문화를 연구하는 학자로서 문학에 대한 애정과 존경심이 깊습니다. 글에는 대단한 힘이 있죠. 신의 섭리에 따라 아프리카 이주민 역사를 수집하고 지키겠다는 의무감이 저를 작가이자 스토리텔러의 길로 이끌었어요. 저는 모든 연령대가 읽을 수 있는 역사 소설과 논픽션을 쓰고 있어요(사실 어린 연령대의 독자들에게 좀 더 친밀감을 느끼긴 하지만요). 글쓰기는 제 사명이에요. 제 직업을 정말 사

랑해요! 또한 10대 딸, 날라의 엄마이기도 하죠. 날라는 클래식 바이올리니스트이자 비주얼 아티스트, 창의적인 이야기를 쓰는 작가예요. 저희 둘은 정말 천생연분이에요.

Q. 처음 프로젝트 333을 접한 계기는 무엇이었나요?

A. 신의 뜻에 따라서요! 큰 집에서 18평대 콘도로 줄여 미니멀리스트의 삶으로 전환하던 중이었어요. 자연스럽게 옷장을 정리해야 했죠. '미니멀리스트 옷장 해결책' 검색을 하다가 우연히 프로젝트 333을 알게 되었어요. 제 인생이 바뀐 순간이었죠!

Q. 캡슐 옷장을 통해 무엇을 배웠나요?

A. 처음에는 옷을 몇 가지 아이템으로 줄일 엄두조차 나지 않았어요. 하지만 이내 제가 자연스럽게 늘 '손이 가는' 옷들과 '잘 어울리는' 조합이 있다는 것을 깨달았죠. 제가 '가장 좋아하는 옷'에만 의식적으로 집중한 덕분에 ①출근이나 여가 생활을 위해 외출할 때 빨리 준비할 수 있고 ②제가 좋아하는 옷만 입을 수 있는 옷장이 만들어졌어요.

Q. 프로젝트 333이나 캡슐 옷장을 시작하는 사람들에게 전하고 싶은 조언이 있나요?

A. 천천히 시작하고 자기 자신에게 관대해지라고 이야기해주고 싶어요. 저는 두어 시즌이 지나고 나서야 익숙해졌어요. 그리고 한 번씩 인스타그램에서 #project333을 검색해보길 추천해요. 좋은 아이디어를 얻을 수 있거든요.

Q. 옷장에 덜 신경 쓰게 된 후 다른 열정을 좇을 여유가(시간/돈/에너지) 더 생겼나요?

A. 그럼요! 시간이 정말 많아졌어요. 특히나 아침에요. 옷장 앞에 서서 오늘은 뭘 입을지 고민하지 않으니까요. 새로 주어진 시간에 글을 쓰고 요가나 명상도 하고, 침대에 좀 더 누워 여유를 부리거나 멍하니 있기도 해요. 돈도 계속 절약할 수 있고요. 캡슐 옷장을 꾸린 후부터는 무엇이든 구매할 때마다 신중해지거든요. 정말로 마음에 드는 것만 사요. 제가 소장한 것 중에서 정말정말 좋아하는 아이템과 새로 산 아이템을 교체하는 식이죠.

크리스틴의

봄 프로젝트 333 리스트

1. 화이트 티셔츠

2. 블랙 티셔츠

3. 네이비와 화이트 스트라이프 티셔츠

4. 화이트 셔츠

5. 데님 셔츠

6. 데님 재킷

7. 레드 점프 슈트

8. 화이트 점프 슈트

9. 탠 점프 슈트

10. 데님 점프 슈트

11. 보이프렌드 진

12. 스키니 진

13. 블랙 슬림 크롭 팬츠

14. 블랙 와이드 팬츠

15. 블랙 이브닝 드레스(칵테일 드레스)

16. 컬러풀한 정장 드레스

17. 컬러풀한 일상용 드레스

18. 데님 드레스

19. 블랙 블레이저

20. 데님/라이트 블루 블레이저

21. 다채로운 컬러의 블레이저

22. 주말용/일상용 드레스(티셔츠 스타일이나 맥시 드레스)

23. 블랙 로퍼/플랫

24. 화이트 스니커즈

25. 뉴트럴 컬러 샌들(로힐 또는 웨지)

26. 블랙 샌들(로힐 또는 웨지)

27. 블랙 힐/펌프스

28. 다이아몬드 스터드 귀걸이

29. 은 스터드 귀걸이

30. 금 링 귀걸이

31. 은 링 귀걸이

32. 은 펜던트가 달린 금 목걸이

33. 다채로운 컬러의 스카프

인터뷰 3. 아누슈카

summer

19

이름: 아누슈카 리스Anuschka Rees

지역: 독일 베를린

캡슐 옷장 컬러: 화이트, 레드, 피치, 옐로우, 크림

캡슐 옷장 기본 아이템: 화이트 면 반바지, 크림 에이라인 스커트, 화이트와 블랙 스트라이프 바디 슈트

가장 좋아하는 옷: 레인보우 스트라이프 스커트+레드 랩톱+라이트 그린 샌들

인스타그램: @anuschkarees

웹사이트: anuschkarees.com

아누슈카는 《내 옷장 속의 미니멀리즘》과 《아름다움 그 너머에 Beyond Beautiful》의 저자다. 패션에 대한 그녀의 관점과 우리가 옷을 어떻게 입어야 하는지에 대한 생각에 많은 부분 공감한다.

"근래 들어 부쩍 과일 모양에 체형을 비교하거나 지나칠 정도로 세세하게 피부 톤을 분석하는 등 체형이나 피부 유형별로 세분화된 조언이 넘쳐나고 있다. 사람마다 어울리는 특정한 스타일과 색이 있다는 개념이 정설로 자리 잡은 것이다. 나는 이런 경향이 좀 안타깝다. 물론 각자에게 좀 더 어울리고 어울리지 않는 색이 있을 수는 있겠지만, 대부분의 색은 대체로 무난하게 잘 어울린다. 체형이나 실루엣도 마찬가지다. 옷의 길이에 따라 하체가 좀 더 살집 있게 보이거나 좀 더 날씬해 보일 수는 있지만, 옷이 마법처럼 몸매를 바꿔주지는 않는다. 당신의 스타일에 부합하고 당신이 좋아하는 옷이라면 몸을 '돋보이게 만들든' 그렇지 못하든 마땅히 입어야 한다고 생각한다. 정말 솔직히 말하자면 '돋보인다'는 의미는 '날씬해 보인다'는 뜻일 때가 많은데, 이것이 옷을 입는 데 가장 중요한 기준이 되어서는 안 된다."

Q. 본인 소개를 해주세요.

A. 저는 정말 내성적인 사람이에요. 주기적으로 저를 끌고 나

가는 남자친구가 아니었다면 온종일 집 안에서 글을 쓰고, 고양이랑 놀고, 책을 읽으며 지낼 거예요.

Q. 옷을 줄인 후 깨달은 가장 중요한 가르침이 무엇이었나요?

A. '패션 규칙'을 무시해도 된다는 것이죠. 까다로운 기준을 가지고 쇼핑을 하기 시작하면 자신이 정말 좋아하는 옷과 누군가 예쁘다거나 유행이기 때문에 입는 옷을 쉽게 가려낼 수 있어요.

Q. 프로젝트 333이나 캡슐 옷장을 시작하는 사람에게 전하고 싶은 조언이 있나요?

A. 완벽하게 하겠다거나 한 치의 어긋남 없이 하겠다는 것을 목표로 삼아선 안 돼요. 이

프로젝트의 본질은 당신의 삶을 좀 더 심플하게 만들고, 시간을 절약하고, 옷 때문에 스트레스를 받지 않는다는 데 있거든요. 그러니 사소한 일에 너무 조바심을 내거나 최상의 조합을 고르려고 스트레스 받지 마세요. 365일 내내 정돈된 모습을 하지 않아도 괜찮아요.

Q. 옷장에 신경을 덜 쓰게 된 후 다른 열정을 좇을 여유가(시간/돈/에너지) 더 생겼나요?

A. 물론이죠! 예전에는 패션과 쇼핑을 창의력을 발산하는 창구로 삼았고, 항상 쇼핑을 했어요. 이젠 제 창의적 에너지를 글쓰기에 쏟고 그림도 배우기 시작했어요. 제가 다양한 색을 써서 표현하기를 좋아한다는 것을 깨달았거든요.

아누슈카의

여름 프로젝트 333 리스트

1. 작은 사이즈의 레드 크로스백
2. 바스켓 백
3. 화이트 클러치
4. 크림 스니커즈

5. 라이트 그린 샌들

6. 화이트 힐 슬리퍼

7. 블랙 아리조나 버켄스탁

8. 블랙 힐 샌들

9. 선글라스

10. 얇은 브라운 벨트

11. 화이트 면 반바지

12. 라이트 워싱 데님 반바지

13. 깅엄 반바지

14. 스트라이프 와이드 팬츠

15. 레드 미니스커트

16. 스트라이프 미니 스카프

17. 크림 에이라인 미니스커트

18. 러스트 오렌지 데님 스커트

19. 민소매 화이트 셔츠 드레스

20. 크림/화이트 플로럴 미니 드레스

21. 라이트 워싱 진 재킷

22. 라이트 그레이 크루넥 티셔츠

23. 긴팔 화이트 리넨 셔츠

24. 화이트 캐미솔

25. 민소매 크림 리넨 셔츠

26. 카키 리넨 캐미솔

27. 피치 캐미솔

28. 미디엄 블루 반팔 셔츠

29. 그린 캐미솔

30. 라이트 옐로 티셔츠

31. 레드 랩톱

32. 화이트와 블랙 스트라이프 바디 슈트

인터뷰 4. 캐럴라인

fall

20

이름: 캐럴라인 조이 렉터Caroline Joy Rector

지역: 텍사스주 댈러스

캡슐 옷장 컬러: 크림, 누드, 러스트, 허니, 브라운

캡슐 옷장 기본 아이템: 빈티지 리바이스, 오버사이즈 스웨터, 프린팅 드레스, 뮬, 화이트 스니커즈

가장 좋아하는 옷: 라이트 브라운 우븐 뮬, 빈티지 리바이스, 누드 캐미솔

웹사이트: un-fancy.com

캐럴라인은 캡슐 옷장을 꾸려온 그간의 과정과 옷들, 자신이 느낀 교훈을 웹사이트 언팬시un-fancy.com에 공유한다. 그녀는 이렇게 적었다.

"1년간의 캡슐 옷장 실험이 끝나가는 지금 나는 그 어느 때보다 충만하고, 자신감 넘치며, 내 스타일에 가장 충실하게 살고 있다."

그녀는 인스타그램의 유명 챌린지인 10×10을 주최하기도 했다. 그녀에게 당시 이야기를 들려달라고 부탁했다.

"10×10은 커뮤니티에서 주도하는 인스타그램 챌린지예요. 사람들에게 미니멀리즘을 그저 잠깐이라도 시도해보라는 의도로 제 친구인 리 보스버그가 만든 거죠. 간단히 설명하면 옷장에서 옷 10개를 골라요. 상의, 하의, 신발을 포함해서 10개죠. 액세서리, 겉옷, 속옷, 가방, 잠옷, 운동복은 제외하고요. 이런 아이템은 자유롭게 착용하면 돼요. 그런 후 10일간 10개 아이템으로 매일 새로운 조합을 만드는 거예요. 언제든 참여할 수 있고, 혼자 해도 되고 친구와 함께해도 되고요. 자신에게 편한 대로 하면 돼요."

Q. 본인 소개를 해주세요.

A. 저는 텍사스주 서부 지역의 작은 마을에서 자라 7년 동안 웨딩 촬영 기사로 일하다가 블로거가 되었어요. 2014년부터

블로그를 운영 중인데 정말 애정을 갖고 하고 있어요. '아름다움'에 대해 관심이 많고, 비단 제 스타일뿐 아니라 인테리어 디자인도 좋아해요. 빈티지와 새로운 것을 조합해 그 둘의 완벽한 균형을 찾는 과정에서 즐거움을 느껴요.

Q. 캡슐 옷장을 통해 무엇을 배웠나요?

A. 어떤 일이든 규모를 줄이면 한결 다루기가 쉽다는 거죠. 가령 제 스타일을 찾고 옷장도 정리하고 싶었지만 캡슐 옷장을 만들기 전에는 도저히 엄두가 안 났어요. 그런데 한계가 주어지니 나도 모르게 창의력을 발휘하게 되더라고요. 이제 제 삶의 모든 곳에 이 원칙을 적

용해요. 무언가 너무 부담스럽다면 어떻게 규모를 줄일 수 있을지부터 생각해요. 그러고 나면 자연스럽게 해결 방법이 떠오르더군요.

Q. 프로젝트 333이나 캡슐 옷장을 시작하는 사람에게 전하고 싶은 조언이 있나요?

A. 너무 심각하게 생각하지 말라는 거요. 과정과 진화에 즐거움이 깃들어 있거든요. 6년 전 제가 처음 시작했을 당시, 완벽한 옷장을 만들어서 평생 동안 유지하겠다는 마음이 있었어요. 너무 이상적인 생각에 사로잡혀서 새 옷이 필요하거나 갖고 싶은 마음이 들면 죄책감을 느끼기도 했죠. 하지만 삶은 늘 변하잖아요. 직업, 라이프 스타일, 체형, 건강, 지역 등등이요. 매일 달라지는 삶을 있는 그대로 받아들이고 어떠한 틀이나 정체성에 얽매이지 않는 것이 더욱 자유롭고 건강하다는 것을 깨달았어요.

미니멀리즘에 담긴 가치는 그 실체가 뚜렷하지 않아요. 호기심, 평생에 걸친 배움, 고요한 마음 챙김 같은 것이죠. 자기 자신에게 관대하고, 세상이 붙인 꼬리표에 너무 연연하지 않고, 여정 그 자체를 즐겨야 해요. 또 하나! 한동안 쇼핑을 줄일 생각이라면 자꾸 옷을 사고 싶게 만드는 인스타그램 계정을 언팔로우하고 패션 업체에서 보내는 뉴스레터 구독도 끊는 게 좋아요.

Q. 옷장에 신경을 덜 쓰게 된 후 다른 열정을 좇을 여유가(시간/돈/에너지) 더 생겼나요?

A. 재밌는 점은 잘 계획된 미니멀한 옷장을 만들면 시간과 돈, 에너지를 아껴 다른 열정을 좇을 수 있지만, 제 경우 옷장에 대한 블로그를 시작했기 때문에 오히려 제 스타일에 더 많은 시간과 에너지를 쏟게 되었어요. 그래도 옷장 큐레이션을 통해 매일 무슨 옷을 입을지 결정하는 데 시간을 많이 절약할 수 있었어요. 옷을 입는 과정 자체를 더 즐겁고 재밌게 만들어주었죠. 또한 의식적인 소비 생활을 하게 되었고요. 옷을 좀 더 의식적으로 구매해야 한다는 생각을 한 뒤부터 제가 얼마나 스타일과 패션을 사랑하는지도 깨달았어요. 제가 열정을 쏟는 일이 되었죠. 저만의 예술 활동을 통해 대단한 즐거움을 얻고 있어요!

캐럴라인의

가을 프로젝트 333 리스트

1. 화이트 스니커즈
2. 라이트 브라운 우븐 뮬
3. 누드 레이스업 부츠
4. 브라운 앵클 부츠
5. 오버사이즈 카키 트렌치 코트
6. 러스트 리넨 트렌치 재킷
7. 라이트 워싱 하이라이즈 배기 진
8. 블랙 하이라이즈 스키니 진
9. 크림 하이라이즈 와이드 진
10. 브라운 물방울무늬 미니스커트
11. 카키 하이라이즈 와이드 코듀로이 팬츠
12. 러스트 플로럴 프린트 반팔 미니 드레스
13. 긴팔 러스트 플로럴 프린트 미니 드레스
14. 민소매 크림 미디 스웨터 드레스
15. 긴팔 블랙과 화이트 프린팅 미디 드레스
16. 코냑 플레인 레더 토트백
17. 체인 끈이 달린 러스트 정장용 핸드백

18. 누드 미니 크로스백

19. 90년대풍 복고 호피무늬 선글라스

20. 작은 사이즈 크림 링 귀걸이

21. 골드 체인 목걸이

22. 골드 펜던트 목걸이

23. 크림 아일릿 스웨터

24. 러스트 청키 니트 스웨터

25. 토프 오버사이즈 스웨터

26. 시에나 청키 니트 카디건

27. 누드 디테일 캐미솔

28. 화이트 박시 티셔츠

29. 에크루 티셔츠

30. 에크루 스웨트 셔츠

31. 러스트 랩톱

32. 머스터드 플로럴 톱

33. 긴팔 크림 슬림 리브 톱

당신의 이야기

you

21

영감 넘치는 여성들의 이야기와 그들의 프로젝트 333 옷장을 소개한 이유는 반드시 이래야 한다는 것을 보여주기 위해서가 아니라 어떤 방식이 당신에게 가장 잘 어울릴지 생각하는 계기를 마련하기 위해서다. 당신은 옷장을 어떤 옷으로 꾸리고 싶은가? 아마도 성인이 되어 이런 질문을 받는 것이 또는 자기 자신에게 이런 질문을 하는 것이 처음일 것이다. 미처 인식하지 못할 뿐 우리는 보통 주변에서 권하는 대로 옷을 입는다. 매거진의 추천과 트렌드, 주기적으로 메일함에 도착하는 거부하기 힘든 세일 행사에도 영향을 받는다.

불가능한 일처럼 보이겠지만, 이렇게 입어야만 한다는 강박에서 벗어나 정말 입고 싶은 옷이 무엇인지 생각해야 당신이 살고 싶은 인생에 부합하는 옷장을 꾸릴 수 있다. 당신만을 위한 옷장이 일상에 얼마나 큰 차이를 만드는지 체감하고 나면 당신의 삶 다른 면면에서 내리는 선택에도 의문을 품게 될 것이다. 이 패션 챌린지가 옷장을 바꾸고 더 나아가 삶을 변화시킨다고 말한 이유가 바로 여기에 있다.

아직 자신의 스타일에 대해 파악하지 못했다면 프로젝트 333의 첫 시즌을 마치기 전에는 섣불리 스타일을 찾겠다는 욕심을 버리길 바란다. 옷장에 33개 아이템만 남길 때, 비로소 어떻게 입어야 바람직할까에 대한 생각에서 벗어나 당신이 어떤 사람이고 당신의 몸과 라이프 스타일에 맞는 옷이 무엇인지 깨닫게 될 것이다. 이 과정을 통해 당신만의 스타일을 찾아갈 수 있다. 이 패션 챌린지를 위해 새 옷을 사지 말라는 이유도 이 때문이다.

어떤 옷이 잘 맞는지 아닌지는 자주 입어봐야 알 수 있다. 내가 처음 캡슐 옷장을 만들 때는 갖고 있는 아이템으로만 옷장을 구성했고, 모든 패션 규칙을 벗어던졌다. 그 후 수년이 지난 지금, 내 옷장은 여전히 33개 이하의 아이템으로만 채워져 있지만 10년 전과는 상당히 다른 모습이다. 과거보다 컬러가 단조로워졌고, 심플해졌으며, 다용도로 활용할 수 있는 아이템들로 채워져 있다.

내 스타일이 무엇이냐고 누군가 물으면 "제 스타일은 자유로움입니다"라고 답한다. 패션 용어가 아니라는 것은 알지만 캡슐 옷장 덕분에 나는 규칙에서 자유로워졌다. 옷에 쏟아붓던 시간과 돈의 과소비에서 자유로워졌으며, 죄책감에서도 자유로워지고, 멋진 인상을 남기기 위해 옷을 입던 사고방식에서도 자유로워졌다. 그러므로 내 스타일은 '자유로움freedom'이다.

자신의 본모습으로 돌아가다

프로젝트 333은 당신이 좀 더 당신다울 수 있도록 돕고, 당신의 본모습이 어떤 것인지 더욱 깊이 파고들 수 있는 여유를 만들어준다. 어쩌면 당신은 스스로가 어떤 사람인지 잘 알지도 모르지만, 사람들은 대부분 스스로와 단절되는 경험을 한 후에 다시 연결될 방법을 찾는 중이다. 이것은 자기 자신을 찾는 것과는 다르다. 그보다는 오히려 당신이 어떤 사람인지 다시금 떠올리는 것에 가깝다.

나는 단순한 삶이 내 마음에 어떤 영향을 주는지, 내 대인 관계를 어떻게 변화시키고, 내 일에는 어떤 영향을 끼치는지와 관련하여 항상 새로운 경험을 한다. 처음 내 여정은 잡동사니를 치우고, 빚을 갚고, 살림을 줄이는 데 초점이 맞춰져 있었다. 외부에서 변화가 시작되었지만 진짜 변화는 내면에서 일어나고 있었다. 나는 외면과 내면 모두에서 의무감이나 추측은 내려놓고, 내가 누구인지를 다시 떠올리려고 했다. 내가 스스로에게서 얼마나 멀어졌는지를 깨닫고는 내 본모습으로 돌아가는 일을 우선순위로 삼았다.

자기 자신에게 돌아가는 것이 중요한 이유

- 자신의 본모습을 잃을 때 사람은 무척 지치고 급기야는 망가지기도 한다.
- 본모습에 가까워질 때 자신을 더욱 잘 돌볼 수 있다.
- 진정한 자신 안에 있는 것들을 베풀기 때문에 당신은 더욱 많이, 더욱 훌륭한 방식으로 세상에 기여할 수 있다.
- 자신의 본모습을 찾게 되면 당신에게 어울리는 사람들이 다가온다. 당신이 자기 자신을 알고 사랑해야 다른 사람들도 당신이 어떤 사람인지 알고 사랑할 수 있다.

- 내면에 더 많은 사랑을 품을 수 있다.

소박한 삶은 나다워지는 데 필요한 여유와 시간, 사랑을 가져다준다. 당신의 본모습을 되찾고 싶다면 충분한 여유와 시간, 사랑을 쏟길 바란다. 나는 다음의 훈련 덕분에 내 본모습으로 돌아갈 수 있었다. 당신에게도 도움이 될 것이다.

자기 자신에 대한
글을 쓴다

《아티스트 웨이》에서 줄리아 카메론Julia Cameron은 매일 아침 세 페이지씩 글쓰기를 할 것을 추천했다. 처음엔 한 페이지 또는 5분 정도로 당신이 부담 없이 도전할 수 있는 선에서 시작하길 바란다. 글을 고치거나 재단하거나 남에게 공유할 필요는 없다. 그저 매일 자신에 대한 글을 쓰는 것이다. 무슨 생각을 하고 있는지, 무엇 때문에 웃고 울었는지, 아침 식사 메뉴는 무엇이었는지에 관해서 말이다.

말도 안 되는 꿈이나 불만거리 등 무엇이든 원하는 대로 글을 쓰면 된다. 쉼표를 어디에 찍든, 글이 비논리적이거나 가혹하거나 한심하거나 분노에 사로잡혀 있다 해도 아무 상관없다. 그저 당신의 진심을 기록하면 된다. 매일같이 글을 쓰다 보면 자신의 감정이 어떤지, 당신은 어떤 사람인지, 언제 자신을 잃고 또 언제 되찾는지 인식하게 된다.

당신의 기분을
밝게 만들어주는 사람들과 시간을 보낸다

당신을 사랑하는 사람들과 시간을 보내길 바란다. 그렇지 않은 사람과의 시간은 줄인다. 당신의 행복을 가로막는 사람들과 자주 만나지 않는다고 해서 그들에게 긍정의 기운을 주지 못하는 것은 아니다. 자신을 행복하게 해주는 사람을 주위에 모으는 법을 모르는 이들에게는 미소나 커피 한잔을 나누면 된다. 그러면 타인을 위하는 마음이 당신에게 도리어 얼마나 큰 행복으로 돌아오는지 놀라게 될 것이다. 당신 주변의 사람들을 마음을 다해 사랑하고, 이들이 되돌려주는 사랑 또한 감사히 받아들이길 바란다.

자신을 소모하는 일을 멈춘다

예전에 나는 외향적인 척하며 많은 일을 해냈고, 직장에서 내가 얼마나 멋진 사람인지 증명하려고 애썼다. 그 결과 서서히 지쳐

갔고 수없이 많은 날을 아팠다. 일이나 미팅, 행사가 끝난 후에는 아무 에너지도 남지 않은 것처럼 완전히 고갈된 적도 많았다. 혼자 지내는 시간, 내 마음을 돌보고 재충전할 시간을 가져야 했지만 그때마다 나는 나 스스로를 더 바쁘게 몰아붙였다. 매일매일 할 일이 있었고 끊임없이 나 자신을 증명해야 했다. 항상 더 큰 꿈과 더 높은 목표가 생겨났다.

아주 오랫동안 일에 파묻혀 외향적인 사람 행세를 하다 보니 나는 나 자신을 잃었다. 내가 어떤 사람인지, 내가 성장하기 위해 무엇이 필요한지 잊고 말았다. 결국에는 '이제 더는 버틸 수 없다'는 내면의 목소리가 튀어나왔다. 숨 돌릴 장소와 여유가 필요했다. 그제야 나는 멈춰 섰고 내면의 목소리에 귀 기울였다. 나는 단순한 삶 덕분에 고요함을 누리고 사랑을 되찾을 수 있었다. 단순함이 나라는 내성적인 인간의 마음을 다독여주었다.

여분의 것을 덜어낸다

당신에게 넘치는 것들, 여분의 것들, 아무 의미도 없는 것들을 모두 놓아준다. 이는 한동안 '예스'라는 말보다는 '노'라는 말을 더 많이 해야 할지도 모른다는 뜻이다. 사람들을 실망시키고, 혼자 있는 시간을 늘리고, 자신의 약점을 인정하고 도움을 구해야 할지도 모른다는 뜻이다. 자신의 본모습을 되찾으려면 필요한 만큼 충분히 시간을 갖길 바란다. 자신의 본모습을 되찾은 후 분명 상상도 못 할 만큼 다양한 방식으로 많은 것을 베풀게 될 것이다.

두 손을 심장 위에 올린다

138쪽에 소개한 간단한 훈련을 시도해보길 바란다. 심장은 당신이 어떤 사람인지 이미 알고 있다. 그저 심장과 친해질 조금의 시간이 필요할 뿐이다.

당신에게

가장 좋은 일을 한다

나는 다른 사람들의 이야기를 들을 때, 친구들과 대화를 나눌 때, 남에게 조언을 구할 때 굉장한 영감과 도움을 얻는다. 하지만 나에게 가장 좋은 것이 무엇인지 판단하고자 할 때는 두 손을 가슴에 얹고 나를 제일 잘 아는 사람에게 귀를 기울인다. 당신이 스스로의 본모습을 기억해내고 자신과 교감할수록 당신에게 가장 좋은 것을 아는 사람은 바로 당신 자신임을 확신할 수 있게 된다. 이는 당신의 심장이 무엇보다 잘 알고 있다.

나의 본모습을 찾아갈수록 무엇이 내게 가장 좋은지, 누가 내게 맞는 사람인지, 이 세상에 기여하는 한편으로 목적과 열정을 갖고 살아가려면 어떻게 해야 하는지 쉽게 깨달을 수 있었다. 내가 가장 나다워질 때 주변 사람들과 관계가 단단해지고, 일도 더욱 잘되며 마음도 좀 더 편안해진다. 그러니 당신다운 모습으로 살기 위해 필요한 것이 있다면 무엇이든 하길 바란다.

내가 어떤 옷을 입고
구매하는지 말하지 않는 이유

가볍게 입고 가볍게 사는 것은 우리의 삶을 향상시키는 훌륭한 방법이다. 프로젝트 333은 옷을 적게 소유하는 삶을 실천하는 간단한 방법이다. '적게'라는 기준은 사람마다 다르므로 내가 무슨 옷을 입고 있는지에 관해서는 말하지 않으려고 한다.

내 모습이나 옷장에 대한 사진이나 영상은 공유하지만, 내가 어떤 브랜드의 옷을 입는지, 어디서 쇼핑을 하는지에 대해서 밝히거나 당신이 어떻게 옷을 입고 어디서 쇼핑을 해야 하는지 감히 추천하지는 않을 생각이다.

프로젝트 333을 시작하기 전에는 누가 추천해서 옷을 사는 경우가 많았고, 결국 그 옷이 내 체형이나 삶에 어울리지 않아 실망하기가 일쑤였다. 이 챌린지를 만든 후 옷을 추천하거나 브랜드나 옷을 광고하며 돈을 벌 수 있었다. 많은 사람들의 옷장을 내 취향대로 채울 수도 있었다. 하지만 프로젝트 333은 무엇을 어떻게 입어야 하는지 알려주거나 쇼핑을 조장하는 것이 목적이 아니다. 물론 당신과 함께하고 싶지만 그런 식은 아니다. 내가 의도적으로 다른 메시지를 보내고 다른 비즈니스 모델을 만든 이유는 모든 사람들이 만족할 만한 시스템을 원하기 때문이었다.

누구나 만족할 만한 단 하나의 특별한 옷 같은 것이 있다고는 생각지 않는다. 당신에게 가장 잘 어울리는 것이 무엇인지는 당신 스스로 찾아야 한다. 시간은 좀 걸리겠지만 당신은 결국 찾아낼 것이고 그 과정에서 더 큰 행복을 느끼게 될 것이다. 나는 다만 완벽한 아이템이 아니라 당신 자신을 발견하고 당신을 더

욱 당신답게 만들어줄 옷을 찾을 수 있도록 돕고자 한다. 그래
야 당신이 가장 행복하고 건강할 테니까. 그래야 당신의 삶을
완벽하게 즐길 수 있을 테니까. 이것이 내게는 당신이 완벽한
옷장을 만드는 것보다 훨씬 중요한 가치다.

창의성

creativity

22

우리 집은 소박하다. 내 옷장은 뉴트럴 컬러의 아이템으로 채워져 있고, 내 캘린더는 스케줄보다 여백이 더 많다. 그럼에도 내삶은 다양한 색과 모험, 창의성 그리고 사랑으로 가득 차 있다. 하지만 늘 이랬던 것은 아니다. 예전에는 그래야만 할 것 같아일부러 화려한 색의 옷을 사기도 했다. 아마도 백화점 안에서블랙 드레스, 셔츠, 팬츠를 더 이상 사서는 안 된다고 마음 다잡는 사람이 나뿐만은 아닐 것이다.

한때 나는 옷을 통해 창의력을 표현하지 못한다면 내 삶 자체가 창의적이지 못하게 될까 봐 걱정했다. 하지만 사실은 정반대였다. 어떤 옷을 입을지 고민하는 시간을 없애고, 더는 옷에 에너지를 쏟아붓지 않았더니 내 삶의 면면에서 더욱 창의력을 발휘할 수 있게 되었다. 스스로를 아티스트라고 생각하지 않는다 해도 우리 모두는 가슴 깊은 곳에 무언가를 창조하고, 창의력을 발산하고 싶은 욕구가 있다. 한 권의 책에 감동을 받은 적이 있다면, 그림이나 사진을 보며 눈물이 차오른 적이 있다면, 어떤 노래를 처음 듣고 또는 대단한 요리를 맛보고 소름 돋은 적이 있다면, 이런 작품은 비단 재능만으로 만들어지지 않는다는 것을 이미 알고 있을 것이다. 거기에는 더욱 경이롭고 위대한 무

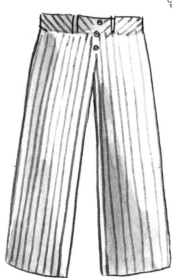

언가가 깃들어 있다. 이는 당신뿐 아니라 작품을 만든 창작자도 느끼는 점이다.

어릴 적에 우리는 지금보다 좀 더 자연스럽게 창의력을 발휘했다. 누구도 우리에게 할 수 없다고 말하지 않았기 때문이라고 생각한다. 초등학교 5학년 때, 중심가 상점을 그린 그림에서 낮은 점수를 받고는

'난 그림을 정말 못 그리는구나' 하고 시무룩해졌지만 몇 년 후 나는 미대에 입학했다. 그리고 여전히 그림과 사진, 글쓰기 등 창작 활동을 좋아한다. 한동안은 성인이 되었다는 이유로 이런 예술 활동에서 완전히 멀어진 적도 있었다. 생활비를 벌 수 있는 일을 했고, 책임감과 의무감에 몰두했다. 미니멀리즘을 실천하고 삶의 여유를 찾은 뒤에야 다시 무언가를 창조하는 일을 시작했다.

창의적 활동을 하기 위해 의식적으로 자신의 삶과 스케줄을 조정할 때도 있지만, 어떤 경우에는 그저 그 활동에 빠져들 때도 있다. 창의적 에너지는 어느 순간엔가 표출되어야만 한다. 자신을 창의적으로 표현하는 것은 중요한 일이다. 만약 당신이 창의적인 타입이라면 창의력을 더 많이 발산하기 위해 할 수 있는 일들이 있겠지만, 때로는 시간과 방법, 장소, 대상까지 모두 창의력이 결정하는 경우도 있다. 그럴 때는 당신 안의 창의력이 하는 말을 들어야 한다. 내 경우에는 요가 매트 위에서 느긋하게 스트레칭을 할 때 또는 운동을 마친 후 나른한 몸으로 잠에 빠지려고 할 때 그런 순간이 찾아온다. 샤워를 할 때나 산책할 때 굉장한 아이디어가 떠오르기도 한다. 이 창의적인 에너지를 어떤 색깔의 옷과 액세서리를 착용하고 매칭할까 고민하는 일에 쏟고 싶지는 않다.

물론 예외는 있다. 패션 디자이너나 옷, 주얼리, 액세서리를 제작하는 사람이라면 패션이 창의력을 발산할 창구이자 커리어가 될 것이다. 이런 경우라면 모르겠지만, 옷을 입는 데 지나치게 에너지를 몰두하는 사람들이 너무도 많다. 우리가 창조할 수 있는, 더욱 의미 있는 것들이 무수히 많다. 그다지 관심을 쏟지 않아도 될 대상에 매달리고 집중력을 빼앗기는 일은 이제 그만할 때가 됐다.

작가인 엘리자베스 길버트는 테드 토크TED Talk '창의적인 천재들Creative Genius'에서 "예전 사람들은 마법과도 같은 신성한 힘이 아티스트를 보이지 않게 이끈다고 믿었다"고 이야기했다. 미국 시인인 루스 스톤Ruth Stone은 버지니아에서 어린 시절을 보내던 당시, 들에 나가 일을 하다가 넓게 펼쳐진 풍경에서 우러나오는 시를 느끼고 들을 수 있었다고 했다. 시상이 강렬히 느껴지면 그녀가 할 수 있는 일은 하나, '무조건 내달리는 것'이었다. 그렇게 달려 집에 도착한 후, 아직 뒤를 바짝 쫓아오는 시가 번개처럼 사라져버리기 전에 재빨리 펜과 종이를 꺼내 급히 써 내려가는 것이었다고 한다.

창의적인 아이디어가 '번쩍하고 떠오르는' 것을 한번 경험하고 나면 그런 영감이 다시 찾아와주길 기다리게 된다. 이런 경험은 사실 우리가 생각하는 것보다 자주 찾아온다. 하지만 중요하지도 않은 일에 의식을 빼앗긴 나머지 놓칠 때가 많다. 우리의 옷장이나 삶을 단순화한다면 창의적인 아이디어의 부름을 듣고 응답할 수 있다. 그것이 커리어든 사명이든 아니면 그저 개인의 즐거움에 관한 것이든 창작과 창의력이 자리할 공간을 만들 수 있다.

자, 그렇다면 당신은 무엇을 만들고 창조하고 싶은가? 무엇을 만들고 싶은가? 당신 안에서 잠자코 기다리고 있는 그것은 무엇인가? 책인가? 아니면 환상적인 비건 컵케이크인가? 노래인가? 무엇이든 만들어보길 바란다. 당신이 무언가를 창조하길 온 세상이 기다리고 있다.

더욱 창의적으로 살아야 할 3가지 이유

건강해지고 삶의 질도 향상된다. 〈사이언티픽 아메리칸Scientific American〉에 이런 글이 실렸다. "연구진은 창의력, 즉 지적 능력이 아니라 다방면으로 열려 있는 사고방식이 사망 위험을 낮춘다는 사실을 발견했다. 창의력이 건강을 증진하는 이유는 두뇌 속 다양한 신경회로를 활성화시키기 때문이다." 창의적일 때 더 오래 살 수 있고 건강뿐 아니라 삶의 질도 향상시킬 수 있다.

문제 해결 능력이 커진다. 창의력을 발휘할 때 삶에서도 그리고 일에서도 다방면으로 문제 해결 능력이 커진다. 창의력은 선형적이고 논리적인 접근법으로는 볼 수 없는 것을 다각도로 바라볼 수 있게 해준다. 여러 연구에 따르면, 창의적인 사람들은 예측이 잘되지 않는 상황에 처해도 비교적 쉽게 적응하고 불확실성을 더 잘 견딘다고 한다.

자신감이 쌓인다. 창의적으로 살다 보면 수많은 부침을 겪고 실패할 확률도 높아진다. 자신의 예술 활동을 공개한다는 것은 본인의 약한 모습을 드러내야 한다는 뜻이자, 자신의 작품이 끝끝내 빛을 보지 못할 위험을 감수해야 한다는 뜻이기도 하다. 창의적인 활동을 한다는 것은 자신감을 키워가는 과정이나 마찬가지다. 실패도 과정의 일부임을 깨닫게 되니 말이다. 실패가 세상이 끝나는 일이 아님을 깨닫고, 도리어 우리를 성장시키고 이 세상을 더욱 멋진 곳으로 만들어준다는 것을 알 때 두려움에서 벗어나 새로운 것에 도전할 수 있게 된다.

혹시라도 창의력을 발휘하지 못할까 봐 걱정하지 않아도 된다. 완벽한 지식을 갖추고 모든 것을 다 가질 때까지 미뤄서도 안 된다. 창의력을 조금씩 발휘하는 동시에 번쩍 떠오르는 아이디어에 집중하며 창의력이 선사할 멋진 경험을 마음껏 누리길 바란다.

충분하다

enough

23

2006년, 끔찍한 피로와 어지럼증이 몇 달간 지속되던 나는 결국 다발성 경화증이란 병명을 진단받았다. 아프고 지친 상태가 지긋지긋할 정도로 계속됐다. 더 많이 일하고, 더 많은 것을 갖고, 남들에게 내가 더 나은 존재라고 증명하는 생활은 내 본성과 어울리지 않았다. 그런 식으로 살다가 나는 말 그대로 몸이 철저히 망가졌다. 스트레스를 유발하는 이런 과잉의 상황이 병의 원인이 아닐 수도 있지만, 증상을 심화시킨 것은 확실하다.

진단 후 나는 스트레스를 없애는 데만 집중했다. 스트레스를 관리하거나 줄이는 게 아니라 완전히 내 인생에서 스트레스를 제로로 만드는 것 말이다. 스트레스는 나를 망치고 내 주변 사람들과의 관계까지 망치고 있었다.

건강하지 않은 음식, 빚, 잡동사니, 유해한 인간관계, 내가 사랑하지 않았던 일, 내가 아무리 애써도 결코 만족감을 느끼지 못할 거라는 사실을 떠올리게 하는 옷장을 삶에서 걷어내기 시작했다. 예전에는 핸드백과 선글라스를 굉장히 많이 갖고 있었다. 모두 처분하고 하나씩만 남기자 사람들은 걱정하며 내게 이렇게 물었다. "잃어버리거나 망가지면 어쩌려고 그래?" 만약 그런 일이 생긴다면 새로 들이거나 없이 살면 그만이다. 나는 더 이상 만족감을 느끼지 못하는 삶에서 벗어나기로 했다.

당신은 어느 정도가 되어야 충분하다고 느끼는가? '이만하면 됐어. 이제는 달라져야 해'라는 생각이 드는 때는 언제인가? 어떤 이들은 어느 날 갑자기 정신이 번쩍 드는 사건을 경험했다고 말하기도 한다. 어쩌면 당신에게도 이런 계기가 찾아왔다가 사라진 적이 여러 번 있었는지도 모른다. 시기는 중요하지 않다. 변화를 시도하기에 늦은 때란 없으니까.

프로젝트 333 이전에 나는 '충분하다enough'는 게 내게 어떤 의미인지 생각해본 적이 없었다. 나는 언제나 더 많이 갖고자 노력했다. '이만하면 된' 삶이 아니라 '뭐든 많은 것이 좋은' 삶을 살았다. 결과적으로 많이 소유한 탓에 나는 너무 무거워졌다. 프로젝트 333을 시작한 데는 몇 가지 이유가 있지만 그중 하나는 내게 충분하다는 것이 무엇인지 밝히기 위함이었다. 그게 뭔지 몰랐으니까.

프로젝트를 진행하면서 하나면 충분하다는 것을 깨닫고는 충격을 받았다. 그리고 큰 기쁨도 느꼈다. 선글라스도 핸드백도 청바지도 겨울용 재킷도 하나만 있으면 됐다. 옷장 가득 컬렉션을 소장하던 때와는 극명하게 달라졌다. 이제는 하나면 충분하고, 하나만 있을 때 더욱 소중히 다루고 감사히 여기며 사용할 수 있게 되었다. 매일같이 옷장 앞에서 치르던 고민의 시간도 사라졌다. 그저 내가 가진 하나를 고르면 되니까. 나는 '하나면 충분하다'는 사고방식을 다른 대상에도 적용했다. 물론 모든 대상은 아니다. 어떤 이유에서인지 나는 펜이나 티스푼은 하나 이상이 필요하다.

당신의 캡슐 옷장에 어떤 아이템이 필요한지는 말하지 않을 생각이지만 무엇을 제외시켜야 할지에 대해서는 강력하게 말하고 싶다. 한 벌로 족하다. 그만하면 충분하다!

이만하면 충분하다는
태도를 위해 멈춰야 할 것들

완벽주의 첫 시도에서 캡슐 옷장을 완벽하게 구현하기 어려울 것이고, 아마도 높은 확률로 3개월 후 자신이 많이 달라졌음을 느끼게 될 것이다. 그러니 처음부터 완벽하게 해야 한다는 생각에 얽매이지 않길 바란다. 프로젝트 333은 챌린지이자 실험이며 3개월 후에 또다시 시작할 기회가 생긴다.

비교 내 옷장과 당신의 옷장은 분명 다를 것이다. 반드시 모든 아이템이 블랙이어야 할 필요도 없고, 5가지 용도로 활용할 수 있는 드레스를 반드시 포함해야 하는 것도 아니다. 거주하는 지역의 기온도 다르고, 라이프 스타일도 다르며, 옷에 대한 취향도 다르다. 당신은 이 프로젝트를 당신만의 것으로 만들어야 한다. 인스타그램에 #project333을 검색하면 이 챌린지를 얼마나 다양하게 진행할 수 있는지 확인할 수 있다.

고집 프로젝트를 시작한 후 신발을 잘못 고른 것 같다면 다른 신발로 교체하면 된다. 리스트에 적었다고 해서 바꿔선 안 된다는 뜻이 아니다. 열정적으로 임하되 유연하게 접근해야 한다.

죄책감 옷을 박스에 정리하며 입지도 않는 옷에 그토록 많은 돈과 시간을 쏟아부었다는 것에 죄책감을 느낄 수도 있다. 하지만 당신이 느껴야 할 감정은 죄책감이 아니다. 변화를 시도하는 자신을 자랑스러워하자. 그 옷이 정말 필요한 사람에게 전달될 수 있어 행복하다고 긍정적으로 생각하길 바란다.

고통 가장 좋아하는 청바지가 해졌거나 33개 아이템 중 하나인 코트가 몸에 좀 낀다 싶으면 다른 청바지나 코트로 교체하면 된다. 자신이 선택한 33개 아이템이 마음에 들지 않는다면 다시 리스트를 만들면 된다. 프로젝트 333을 자신에게 정말 필요한 옷이 무엇이고 자신이 정말 원하는 것은 무엇인지 배우는 계기로 활용해야지 벌을 받는다고 생각해선 안 된다. 이 프로젝트는 재밌어야 하고 당신의 삶을 더욱 수월하게 만들어주는 역할을 해야 한다. 고통스럽거나 괴롭다면 방법을 바꿔보거나 도움을 요청하길 바란다.

프로젝트 333이 어쩌면 과할지도 모른다

《작은 삶을 권하다》의 저자인 조슈아 베커는 자신의 블로그인 비커밍미니멀리스트becomingminimalist.com에 프로젝트 333이 얼마나 '충분한'지에 대해 글을 썼다. 프로젝트 333을 추천한 패멀라는 자신의 이야기를 조슈아에게 공개했다.

패멀라 멀린스는 노스캐롤라이나에 거주하는 교사이자 피아노 강사다. 최근 프로젝트 333 패션 챌린지를 시작한 그녀는 내게 33개 아이템을 정리해 메일을 보냈다. 소프트웨어 아키텍트로 일하는 그녀의 아들 에릭은 이과적 사고를 하는 사람이었다. 패멀라는 아들도 프로젝트에 참여시키기 위해 자신의 33개 아이템과 더불어 각 아이템을 어떻게 조합해 입을 수 있는지 정리해 메일을 보냈다. 엄마가 보낸 정보를 바탕으로 에릭은 33개 아이템으로 몇 가지 착장이 나오는지를 수학 모델링을 통해 계산했다.

에릭이 도출한 결론은? 무려 2만5,176가지 조합이었다. 33개 아이템으로 2만5,176가지 의상이 나온다는 뜻이다. 계산에 따르면 패멀라는 앞으로 69년간 매일같이 다른 옷을 입을 수 있다는 것이다.

이 계산이 믿기는가? 나는 에릭에게 어떤 과정을 거쳐 이런 숫자가 나왔는지 알려달라고 했다. 계산은 이랬다.

패멀라의 프로젝트 333에 선정된

33개 아이템

1. 청재킷
2. 블랙 보이프렌드 재킷
3. 블랙 팬츠
4. 블랙 카프리 팬츠
5. 청바지
6. 드레스
7. 블랙 셔츠
8. 핑크 프린트 셔츠
9. 데님 셔츠
10. 체크 셔츠
11. 코끼리 그림 셔츠
12. 화이트 셔츠
13. 크림/블랙 프린트 티셔츠
14. 7부 소매 블랙 브이넥 티셔츠
15. 페이즐리 블라우스
16. 물방울무늬 블라우스
17. 블루 스웨터

18. 블랙 스카프

19. 블루와 레드 플로럴 스카프

20. 블랙과 화이트 스카프

21. 긴 목걸이

22. 자전거 펜던트 목걸이

23. 꽃 펜던트 목걸이

24. 모조 다이아몬드 귀걸이(진짜와 구분이 안 될 정도다.)

25. 은 드롭 귀걸이

26. 레드 음표 귀걸이

27. 은팔찌

28. 은팔찌

29. 블랙 웨지힐

30. 블랙 샌들

31. 블랙 플립플랍

32. 블랙 앞코 막힌 신발

33. 핸드백

에릭은 이 아이템으로 나올 수 있는 조합을 곱한 후 그 수를 모두 더했다.

- 변치 않는 아이템: 핸드백 1개, 은팔찌 2개
- 어떤 구성에도 적용할 수 있는 조합: 신발 4켤레(베이스라인)

모델 드레스 4(베이스라인) × 2(블랙 재킷 또는 재킷 안 입음) × 3(귀걸이 또는 귀걸이 안 함) × 3(목걸이 또는 목걸이 안 함) = 72

모델 핑크 플로럴 셔츠 4(베이스라인) × 3(재킷+스웨터+아무것도 안 입음) × 1(캐미솔) × 3(귀걸이 또는 귀걸이 안 함) × 4(목걸이 또는 목걸이 안 함) = 144

어떤 구성에도 적용할 수 있는 조합 하의 4종 × 신발 4켤레 × 4(재킷 2종, 스웨터, 아무것도 안 입음) = 새로운 64개 베이스라인 생성

모델 데님 셔츠 64(베이스라인) × 5(셔츠+티셔츠+캐미솔) × 4(귀걸이 또는 귀걸이 안 함) × 4(목걸이 또는 목걸이 안 함) × 3(스카프 또는 스카프 안 함) = 1만5,360

모델 화이트 셔츠 64(베이스라인) × 5(셔츠+티셔츠+캐미솔) × 4(귀걸이 또는 귀걸이 안 함) × 3(목걸이 2개 또는 목걸이 안 함) × 3(스카프 또는 스카프 안 함) = 2,304

모델 코끼리 셔츠 64(베이스라인) × 4(귀걸이 또는 귀걸이 안 함) × 2(목걸이 1개 또는 목걸이 안 함) = 512

모델 블랙 체크 셔츠 64(베이스라인) × 4(귀걸이 또는 귀걸이 안 함) ×

2(목걸이 1개 또는 목걸이 안 함) = 512

모델 블라우스 64(베이스라인) × 2(블라우스) × 4(귀걸이 또는 귀걸이

안 함) × 4(목걸이 또는 목걸이 안 함) = 2,048

모델 블랙 니트 셔츠 64(베이스라인) × 4(귀걸이 또는 귀걸이 안 함) ×

3(스카프 또는 스카프 안 함) = 768

모델 크림 니트 셔츠 64(베이스라인) × 3(귀걸이 2개 또는 귀걸이 안 함)

× 2(목걸이 1개 또는 목걸이 안 함) × 3(스카프 또는 스카프 안 함) = 1,152

모델 스트라이프 니트 셔츠 64(베이스라인) × 3(귀걸이 2개 또는 귀걸

이 안 함) × 4(목걸이 3개 또는 목걸이 안 함) × 3(스카프 또는 스카프 안 함)

= 2,304

72 + 144 + 1만5,360 + 2,304 + 512 + 512 + 2,048 + 768 + 1,152 +

2,304 = 2만 5,176 의상 조합

몇몇 구성은 (귀걸이 여부처럼) 그 차이가 매우 사소하다는 사실을

참고해야 한다. 그럼에도 앞으로 69년간 매일 다른 착장을, 그

것도 33개 아이템으로 가능하다는 점은 놀랍다.

적게 소유하고 살아가는 사람들 사이에서 프로젝트 333이라는

실험이 유행하는 데는 이유가 있다. 이 프로젝트에 도전한 사람

대부분이 옷을 적게 소유하는 데 따르는 굉장한 이점을 경험했다.
또한 많은 이들이 33개 아이템만으로도 충분했음을 밝혔다. 자신
의 경험담을 글로 공유한 패멀라도 이들 중 한 명이다. 그녀는 말
한다.
"소박함을 정말로 사랑하게 되었고, 이제는 입을 게 너무 많다
는 생각이 들어요."

단식

fast

24

'단식'이라고 하면 보통은 음식을 끊는 걸 떠올린다. 3개월간 쇼핑을 하지 않고 옷에 대한 생각을 끊어낸다는 점에서 프로젝트 333은 쇼핑 단식이자 패션 단식이라고 할 수 있다. 여느 단식처럼 이 패션 챌린지 또한 희생이나 자유의 정신으로 접근할 수 있다. 어떻게 접근할 것인지는 당신의 선택이다.

무언가를 내려놓는다는 것은 신경 쓸 일이 줄어든다는 점에서 사실 해방과 같다. 옷과 액세서리를 판매하는 마트에서 장을 볼 때면 새 스카프나 귀걸이가 언제나 카트 안에 담겼고, 나중에는 장보기 예산에 아예 이 비용을 포함시키기도 했다. 쇼핑 단식을 하면 상점에서의 힘든 의사결정도 사라진다. 나는 그제야 해방감을 느꼈다. 선택지를 없애는 편이 필요하지도 않은 물건을 두고 살까 말까 고민하는 것보다 훨씬 쉬웠다. 금주를 한 사람들에게서도 이와 비슷한 이야기를 들었다. '한 잔만 더 마실까, 오늘 마실까, 뭘 마실까, 얼마나 마실까' 이런 의사결정을 없애고 나니 마음이 한결 편안해졌다는 것이다. 본인이 즐겼던 대상을 포기하는 것임에도 불구하고 말이다.

물론 프로젝트 333의 핵심이 쇼핑 단식은 아니지만 일정 부분 포함된 것은 맞다. 3개월간 무엇을 입을지 결정하면 그걸로 끝이다. 3개월 후에도 33개 아이템으로 생활하는 것을 시즌별로 계속 진행할 예정이라면 매 시즌마다 자유를 경험할 수 있다. 전보다 훨씬 의식적으로 구매하고 소비하는 습관이 생길 것이다. 자신이 왜 이것을 사는지 정확히 이해하게 될 것이고, 구매 행위에 대해 진지하게 생각하기 시작한 후에는 오히려 당신에게 필요하지 않은 물건을 사는 것이 힘들어질 것이다.

쇼핑 단식을 하는 법

한동안 쇼핑을 끊는 것은 쉽다. 하지만 다음의 내용을 참고해 사고방식을 전환한다면 단식 기간이 끝난 후에도 쇼핑 습관을 변화시키는 데 도움이 될 것이다.

박물관에서 작품을 감상하는 태도로 접근한다. 소박한 삶이란 무언가를 갖고 싶은 마음을 없애는 것이 아니다. 내 경험에 비춰보면 더 많은 것을 갖고 싶은 열망은 수그러들 수는 있지만 완전히 사라지지는 않는다. 소유에서 즐거움을 찾는 대신 감상하는 데서 기쁨을 찾아야 한다. 이를테면 박물관을 거닐며 소유하지 않고도 예술작품을 마음껏 감상하듯이 말이다. 옷, 기기, 여타 물건에도 마찬가지다. 옷장에 새로운 아이템을 추가하고 싶을 때는 소유하지 말고 감상하라.

인내심을 갖고 기다린다. 반드시 갖고 싶다고 생각한 물건은 다음 달에도 그 자리에 있을 것이다. 30일 동안 지켜보며 여전히 필요하고 매력적으로 느껴지는지 생각해보길 바란다. 나는 인내심을 갖고 기다리는 전략으로 많은 돈을 절약했다. 며칠 지나면 반드시 갖고 싶다고 생각했던 물건이 생각조차 나지 않았다.

기록한다. 작은 노트를 갖고 다니며 무언가를 사고 싶을 때마다 어떤 물건인지, 가격은 얼마인지 기록한다. 30일 동안 하다 보면 그간 얼마나 돈을 절약했는지 한눈에 파악할 수 있다. 여기서 한발 더 나아가고 싶다면 당신이 구매하지 않은 물건의 비용을 따로 모은다. 30일 후면 빚을 갚거나 가장 좋아하는 자선 단체에 기부할 만큼 금액이 꽤 쌓였을 것이다.

선물을 주고받는 관행을 바꾼다. 가족이나 친구들과 선물 구매를 줄일 방법에 대해 대화를 나눈다. 선물 교환에서 해방된다는 데 홀가분함을 느끼는 사람들도 있겠지만, 어떤 이들은 반대할 것이다. 대부분의 경우 전통을 지켜야 한다는 생각에 절충안을 떠올리고자 할 것이다. 물건이 아니라 경험을 선물하거나 멋진 저녁 식사나 주말여행으로 대체하는 아이디어가 나올 수도 있다. 선물 주고받기를 그만할 준비가 되었다 해도 당신과 다르게 생각하는 이들에게 관대하게 대하되, 당신의 입장을 지켜야 한다.

구독을 취소한다. 당신이 가장 좋아하는 매장에서 보내오는 디지털 메시지나 광고 알림 구독을 취소한다. 아직도 하지 못했다면 카탈로그 메일 서비스를 취소하고, 전단지도 그만 본다. 아예 보지 않으면 무엇이 갖고 싶다는 생각조차 생기지 않는다. 전문가의 조언을 하나 더 하자면 지메일을 사용 중인 경우 프로모션 탭을 설정해두는 것이 좋다. 웬만한 마케팅 이메일은 이 카테고리로 들어오는데, 일주일에 한 번씩 메일 전체 선택 후 삭제하면 간편하다. 마케팅 메일이 아닌데 프로모션 탭에 들어가 있다면 기본 메일함으로 이동시키면 된다.

친구를 활용한다. 쇼핑 중독 성향이 있는 사람이라면 쇼핑을 그리 좋아하지 않는 친구나 가족과 팀을 이룬다. 그리고 충동구매를 하려 할 때마다 상대에게 전화를 해 털어놓는다. 정말 필요한지, 지금 사야 하는지 질문하면서 도움을 주고받는다. 누구나 약간의 도움이 필요할 때가 있다.

정서적으로 의지하는 마음을 버린다. 당신의 물건은 당신의 삶을 바꿀 능력이 없다. 무엇을 사든 당신을 더 나은 사람으로 만들어주지 않는다. 그건 오직 당신만이 해낼 수 있는 일이다.

느린 삶

slow

25

《좋은 인생을 사는 법how to live a good life》에서 조녀선 필즈Jonathan Fields는 "바쁘게 사는 것은 그러기로 선택했기 때문이다"라고 말했다. 나 역시 이 말에 동의하는 바다. 우리의 삶은 빠르고 바쁘게 돌아가지만 그렇게 만든 장본인은 결국 우리 자신이 아닐까? 그렇다면 우리 손으로 느리고 즐거운 삶을 만드는 것도 가능하지 않을까?

녹초가 되도록 정신없이 바쁘게 움직이는 삶이 꼭 충만한 삶은 아니다. 인생은 그 자체로도 충분히 빠르게 지나간다. 하루하루 그리고 매주 느림의 여유를 만들어 자신의 삶을 인식하고, 소소한 순간을 목도하며, 우리에게 주어진 짧은 시간을 즐길 수 있을지 없을지는 우리 자신에게 달렸다. 프로젝트 333을 통해 패스트 패션에서 슬로 패션으로 전환하는 지금이 바로 느린 삶을 시작하기에 좋은 시점이다. 빠르게 돌아가는 수많은 일을 통제할 힘이 없기에 우리가 할 수 있는 부분에서 속도를 늦추는 노력을 하는 것이 중요하다. 단순한 삶, 덜어내기, 적게 소유하는 습관이 도움이 될 것이다.

우리가 속도를 늦출 수 있는 일들

옷장에 여유 공간을 더한다. 이것이 바로 내 시작점이었다. 프로젝트 333은 자연스럽게 당신의 옷장에 여유 공간을 가져다줄 것이다. 이 프로젝트에서 배운 것을 발판 삼아 앞으로의 소비 활동과 매일의 옷 입기 방식에 대해 훨씬 더 계획적으로 접근해야 한다.

아침을 일찍 시작한다. 조금 일찍 눈을 뜨면 차나 커피 한잔을 음미할 수 있고, 조용히 앉아서 시간을 보내거나 여유를 즐길 수 있다. 아침마다 집이 전쟁통 같다면 전날 저녁에 미리 할 수 있는 일이 무엇일지 생각해보는 것도 좋다.

테이블에 여유를 더한다. 식사를 준비하는 데 드는 시간에 비해 정작 밥을 먹는 시간은 아주 짧다면 식사 시간에 여유를 더할 차례다. 허겁지겁 자신의 몫을 먹어치우고 TV 앞으로 달려간다면 음식을 음미하고, 하루를 되돌아보고, 가족들과 교감하는 시간을 늘려야  한다. 함께하는 시간의 여운을 좀 더 오래 즐길 수 있는 전통을 하나 만드는 것도 좋다. 우리 가족의 경우 스키를 타러 갔을 때는 아침 식사를 마친 후 설거지거리를 싱크대에 내버려둔다. 산이 우리를 부르고 있으니 당장 가야만 한다!

디지털 기기와 멀어진다. 디지털 기기와 거리를 둔다. 시간제한을 두는 것이다. 쉽지 않은 일이란 것은 잘 알고 있다. 인터넷이란 놀라운 공간은 우리에게 너무도 많은 것을 선사하지만 사실당신의 삶도 그렇다. 당신이 찾아보지 않았을 뿐.

반응에 여유를 더한다. 과잉 반응은 보통 감당하기 어려운 상황에서 나온다. 어떤 일이든 단순하게 접근해야 침착하게 대응할 수 있다. 차분하게 생각하고 차분하게 말한다. 그러면 불필요한 스트레스와 호들갑이 사라진다.

일에 여유를 더한다. 내가 혼자서 일한다는 이유로 일반적인 업무 환경에서 일하는 사람보다 여유롭게 일하는 호사를 누릴 거라고 생각하는 사람들이 많다. 내 스케줄은 전보다 더 유연해졌지만, 사실 나는 정신없이 돌아가는 세일즈를 할 때 오히려 일에 여유를 더하기 시작했다. 이메일 확인 횟수를 줄였고, 늦은 밤까지 일하는 대신 저녁이 되면 업무를 중단하고 퇴근했다. 이런 변화를 눈치챈 사람은 없었고 생산성도 떨어지지 않았다. 정신없이 바쁜 삶이 항상 좋은 성과로 이어지는 것은 아니다. 도리어더 많은 실수와 번아웃을 초래한다.

살다 보면 바쁜 시기를 맞을 때도 있지만, 숨 가쁜 하루조차 조금만 방법을 달리하면 그 속에서 여유를 찾을 수 있다. 당신의 선택에 달려 있다는 뜻이다. 바삐 움직이며 스트레스를 받고 주변 사람들을 재촉할 것인지, 잠시 멈추고 웃음 지으며 여유를 가질 것인지 말이다. 그러다 보면 일을 마무리하지 못할 때도 있을 것이다. 괜찮다. 훗날 과거를 되돌아볼 때 완수하지 못한 투두 리스트to-do list가 떠오르는 것이 아니라 당신이 머물렀던 아름다운 삶을 추억하게 될 테니까.

자신감

confidence

26

과거에 나는 옷에서 자신감을 찾았다. 인정하기 싫지만 '멋지게 보이기 위해' 옷을 입었다. 어떤 옷이 입고 싶은지, 어떤 옷이 적당할지보다 사람들이 내게서 무엇을 기대하는지, 어떻게 입어야 멋지게 보일 수 있는지, 내 역할에 어울리는 사람처럼 보이기 위해서는 어떤 옷을 입어야 하는지가 더욱 중요했다. 힐을 신어야 센 사람이 된 것 같았고, 새 드레스를 입어야 섹시한 것 같았고, 새 재킷을 입어야 완벽하고 준비된 사람인 것처럼 느꼈다.

하지만 프로젝트 333을 하며 진정한 자신감은 외면에서 나오는 것이 아니라는 사실을 깨달았고, 옷이 아니라 나라는 인간에게서 자신감을 찾기 시작했다. 그 이후부터는 새 옷을 입지 않아도 이런 기분을 더 자주 느꼈다. 옷은 중요하지 않다. 스스로가 어떤 사람인지에 자신감을 느껴야 한다. 프로젝트 333을 당장 시작할 자신감이 없다면 자신감은 만들면 된다. 작은 옷장을 향해 조금씩 발걸음을 내딛으며 자신감을 쌓아보자. 앞에서도 이야기한 내용이지만 한 번 더 언급해본다.

소소한 시도로
자신감을 쌓아가는 법

현재 맞지 않는 옷들을 상자에 정리한다. 지금 당장 처분하라는 것이 아니다. 일단 눈앞에서 치우라는 뜻이다. 어차피 입지 않을 옷인데, 왜 이 옷이 맞지 않을까, 애초에 왜 샀을까, 왜 빨리 살이 빠지지 않을까, 이런 의아함을 매일같이 마주할 이유가 없다. 필요 없는 물건을 치우면 필요 없는 생각도 함께 사라진다.
지난 5년간 한 번도 입지 않은 옷은 모두 기부한다. 몇 달 묵혀둔 옷을 처분하는 데는 이견이 있을 수 있지만 몇 년씩이나 입지 않은 옷은 정리해도 되지 않을까? 그렇게 오랜 기간 손도 대지 않았던 데는 이유가 있을 것이다. 이제는 그만 놓아주어야 한다.

온오프라인 매장의 메일링 구독을 모두 취소한다. 이런 메일은 당신을 유혹한다. 유혹에 저항해야 할 상황을 만들지 않는 것이 좋다. 행사 소식, 포인트 적립, 업데이트 알림 등 이메일 수신함과 당신의 머리로 들어오는 모든 유혹을 없애자.

자신의 약점을 파악한다. 스카프가 30개 이상인가? 신발이 너무 많은가? 내 동생에게 프로젝트 333에 대해 처음 소개했을 때 그녀는 이렇게 말했다. "그거 내가 하면 청바지, 티셔츠 각한 벌이랑 가방 31개가 되겠는데." 동생은 자신의 약점이 무엇인지 이미 알고 있었다. 그러면서도 다행히 낙관적인 태도를 잃지 않았다! 최근 동생은 이 책이라면 옷장을 드디어 정리할 수 있을 것 같다고 말했다. (엘리슨, 이 책을 읽고도 도움이 필요하다는 생각이 들면 연락해.)

영감을 주는 다큐멘터리를 시청한다. 쇼핑을 줄이기 위해 또는 의식적으로 쇼핑하기 위해 동기부여가 더 필요하다면, 패스트 패션의 어두운 이면을 추적한 다큐멘터리 〈더 트루 코스트〉를 찾아보길 바란다. 〈미니멀리즘: 비우는 사람들의 이야기 Minimalism: A Documentary About the Important Things〉 다큐멘터리에 소개된 내 옷장을 참고해도 좋고, 미니멀리즘을 통해 삶에서 의미를 찾아가는 사람들의 이야기를 확인하는 것도 좋다.

시각적 영감을 얻는다. 내 인스타그램 계정 @bemorewithless 또는 @project333을 팔로우하거나 소셜미디어에서 #project333을 검색한다. 전 세계의 다양한 캡슐 옷장, 오늘의 착장 등 참고가 될 사진들을 볼 수 있다.

프로젝트 333을 캘린더에 표시한다. 일단 캘린더에 표시부터 해 두는 것이다. 이 프로젝트에 호기심이 생기면 11장의 규칙을 다시 읽어봐도 좋다. 앞으로 몇 주간 단계별로 옷장을 33개 아이템 이하로 줄이는 과정을 천천히 시작하면 된다.

다시 한 번 말하지만 물건을 얼마나 소유하고의 문제가 아니다. 몇 개의 아이템을 갖고 있느냐도 중요치 않다. 옷장을 줄여나가다 보면 당신의 삶이 얼마나 특별한지 더 많이 깨닫게 된다. 옷장 속 불필요한 물건을 없애고 3개월간 지낸 뒤 정말 중요한 것이 무엇인지를 생각해보길 바란다. 위에 언급한 것들을 조금씩 시도하며 천천히 자신감을 키운 후에 본격적으로 프로젝트 333을 시도한다면 다음과 같은 깨달음을 통해 자신감이 더욱 커지는 것을 실감할 것이다.

- 당신이 패션 챌린지 중이라는 것을 아무도 눈치채지 못할

때 사람들의 시선을 신경 쓰느라 받았던 스트레스에서 자유로워진다.

- 옷을 줄인 뒤 더 행복해진 자신을 발견할 때, 33개 아이템이면 충분하다는 것을 깨달을 때, 옷장은 물론 삶의 다른 부분에서도 좀 더 자신감을 갖고 내려놓을 수 있다.
- 모든 상황을 대비하지 않았음에도 아무 문제없이 잘 지나갈 때 불확실한 미래를 더욱 자신감 넘치는 태도로 헤쳐나갈 수 있다.
- 아침을 여유롭게 시작할 때 그날 하루를 잘 보낼 수 있다는 자신감을 얻을 수 있다.

대체로 이런 챌린지는 시작부터 굉장한 자신감을 불어넣어준다. 두려움을 느꼈음에도 결국 도전하는 용기를 발휘하는 과정에서 자신감이 차오를 수밖에 없다. 당신은 '~을 하는 건 미친 짓일까?'라는 질문에 답을 할 용기를 갖고 있다.

여행

travel

27

여행은 적게 소유하는 삶을 시험해볼 좋은 기회다. 깨끗하고 널찍한 호텔 방에 머물면서 소유물로부터 멀어진 덕분에 대단히 많은 것을 갖지 않아도 행복해질 수 있음을 깨닫게 된다. 뿐만 아니라 물건에 의식을 빼앗기지 않을 때 더욱 자유롭고, 개방적이고, 현재에 충실하게 살 수 있음을 체감하게 된다.

예전에는 여행을 갈 때 짐을 엄청 많이 갖고 다녔다. 1박 여행이라도 기내용 가방 하나에 토트백이나 큰 가방을 하나 더 들었다. 일정이 길 때는 항공사 수하물 규정에 따라 내게 허용된 만큼의 가방을 모두 챙겼다. 스웨덴으로 여행을 갔을 당시 가방

한 개를 분실하는 일이 벌어졌다. 여행은 즐거웠지만 가방을 잃어버렸다는 사실을 쉽사리 머리에서 지울 수가 없었다. 새 소지품을 사고 짐이 잔뜩 든 가방을 찾느라 소중한 시간을 낭비했다. 내게 필요한 것들이 사라졌다는 데 스트레스를 받았고, 내 소중한 소유물을 언제쯤 다시 되찾을 수 있을까 걱정했다. 물론 정말 중요한 물건은 없었다. 가방에 뭐가 있었는지 기억조차 나지 않았고, 나중에 가방을 찾았지만 그 안에 든 내용물 중 지금까지 갖고 있는 물건도 아마 없을 것이다.

몇 년 전부터 짐을 줄여 여행을 하는 실험을 시작했다. 1박 여행에는 노트북 가방만 챙겼고, 주말을 낀 연휴 동안의 여행에는 작은 백팩만 멨다. 몇 개국을 거쳐 다양한 기후를 대비해야 하는 한 달 여행은 작은 기내용 가방으로 해결했다. 비모어위드레스에서 내가 여행용 가방 안에 무엇을 챙겼는지 확인할 수 있다. 이러한 경험 혹은 실험을 한 후부터는 가방을 수하물로 붙인 적도 없고, 무언가 아쉬워서 다음 여행 때 추가로 챙겼던 일도 없다. 수하물을 체크인 하려고 기나긴 줄을 선 적도, 수하물 컨베

이어 벨트 앞에서 내 짐이 무사히 도착했는지 애태우며 기다린 적도, 가방을 잃어버려 여행을 즐기지 못했던 적도 없다.

내 친구이자 젠해비츠zenhabits.net를 운영하는 에바Eva와 리오 바바우타Leo Babauta 부부는 한 차원 더 가벼운 여행을 실천한다! 부부는 각자 20리터 백팩을 메고 몇 주나 여행을 한다. 백팩 사이즈를 이해하기 쉽게 설명하면, 대부분의 어린이들이 학교에 매일 메고 다니는 가방 사이즈보다도 작다.

나는 이제 1~2박 출장을 떠날 때는 날씨에 따라 다르지만 보통은 이렇게 짐을 챙긴다. 블랙 티셔츠와 청바지 또는 레깅스, 블레이저와 플랫 슈즈를 신고 랩톱/업무용 가방에 다음과 같은 물건들을 넣는다.

- 컴퓨터와 충전기
- 휴대폰과 충전기
- 일기장
- 신분증, 신용카드, 보험증
- 블루투스 이어폰
- 펜
- 작은 메이크업 파우치

- 빗
- 원피스
- 여분의 셔츠
- 잠옷
- 속옷
- 선글라스

가볍게 들고 검색대를 통과하는 자유로움이 좋다. 짐이 적고 챙길 게 적을 때는 택시를 타거나 대중교통을 이용하는 것이 한결 편하다. 며칠용, 주말용, 3개월 또는 그 이상의 기간을 책임질 캡슐 옷장이 모든 것을 단순하게 만들어주는 덕분에 전 세계 어디든 가볍게 여행하고 가볍게 생활할 수 있다.

짐 싸기

여행에서 많은 사람들이 스트레스를 받는 것 중 하나가 바로 짐 싸기다. 나 또한 그랬다. 뭐든 전부 다 챙기는 것으로 스트레스를 대체했다. 나는 항상 짐을 과하게 챙기는 사람이었다. 전부 다 챙기고도 가방에 좀 여유가 있을 때는 로또를 맞은 듯한 기

분까지 느꼈다. 여유 공간은 더 많은 짐
을 챙길 수 있다는 의미였으니까. 주변
을 둘러보며 빈 공간을 뭘로 채우나 고
민했다. 아, 이게 필요할 수도 있겠
다 하면서 말이다. 일주일도 안 되
는 기간 동안 멕시코에 갈 일이 있
었다. 내가 신고 가는 신발 외에도
5켤레나 신발을 더 챙겼는데, 여행
내내 플립플랍만 신었다.

나는 자유롭게 여행하고 다양한 세
상을 보는 것을 좋아한다. 그런 내가
적게 소유하는 삶을 실천하자 적은 짐으로 여행하는 것이 가능
해졌고, 가볍게 여행하다 보니 더 가볍게 살게 되었다. 짐을 챙
길 때는 작은 기내용 가방 하나와 토트백이면 충분하다. 그 이
상의 짐은 가져가지 않는다. 여행 기간이 며칠이든 몇 주든 마
찬가지다.

짐 가방을 꾸리며 프로젝트 333 캡슐 옷장의 아이템에 속하지
않은 물건이 필요할 경우 보관 상자에서 꺼내간다. 한겨울 날씨
에 바닷가로 여행을 간다면 그에 따른 아이템을 챙겨야 한다.

나처럼 여행을 좋아하고 가볍게 세상을 누비고 싶다면, 다음의 미니멀리스트 짐 싸기 팁과 정보가 도움이 될 거라고 믿는다.

여행 일정의 절반으로 짐을 싼다. 일주일간 집을 떠나 있다면 사나흘 동안 필요한 것을 챙긴다. 같은 옷을 여러 번 입는 데 부담을 느끼지 않길 바란다. 사람들은 당신이 매일 무슨 옷을 입고 다니는지 별 관심이 없다. 여행 중에는 누군가 당신의 옷을 유심히 보거나 신경 쓰는 일은 더더욱 없을 것이다.

짐 리스트를 작성한다. 여행 가방에 챙긴 물건을 모두 적는다. 그런 뒤 사용한 물건을 체크한다. 여행을 마칠 무렵이면 한 번도 사용하지 않은 물건이 무엇인지 한눈에 보이고, 다음에 비슷한 여행을 할 때는 무엇을 챙기지 않아도 될지 파악할 수 있다. 리스트에 여행 장소와 시기도 기록해 잘 보관한다면 훗날 비슷한 여행을 떠날 때 무엇을 챙겨야 할지 정확히 판단할 수 있다.

세탁 가능한 곳에 투숙한다. 세탁기가 있는 곳에 머물 계획인가? 2, 3일 이상 머문다면 나는 세탁기가 구비된 에어비앤비 아파트에 투숙할 것 같다. 투숙객이 쓸 수 있는 세탁실을 운영하는 호텔도 있다. 아니면 빨래방을 이용하거나 화장실 세면대에서 간단히 빨래를 하고 널어둘 수도 있다.

옷을 가방에 어떻게 넣을 것인지 배운다. 짐을 싸며 옷을 말아도 보고, 겹겹이 쌓아도 보고, 접어도 봤지만 대단한 차이는 없었다. 《짐 싸는 법How to Pack》의 저자인 히사 팔레푸Hitha Palepu는 이렇게 말했다. "하의는 말고 상의는 접어서 가방에 넣는다. 이렇게 하면 주름도 덜 생기고 자리도 덜 차지한다." 자신에게 가장 좋은 방법이 무엇인지 파악하기 위해서는 실험을 해보는 수밖에 없다. 여행을 떠날 때는 옷을 말아서 짐을 싸고, 돌아올 때는 접거나 포개어서 싸보자. 그리고 어떤 방식이 자신에게 더 맞는지 살펴보자.

여행 유니폼을 정해둔다. 여행 출발 날 입을 옷을 하나 지정한다. 비행기든 기차든 여행을 떠날 때마다 무슨 옷을 입어야 할지 고민할 필요가 없어진다. 여행지가 어디든 여행 유니폼은 같아도 된다. 내 경우 보통 블랙 레깅스와 반팔 셔츠 또는 탱크톱, 블랙 집업 스웨트 셔츠 또는 블레이저, 스카프를 한다. 아니면 토트백 안에 챙긴다. 어쨌든 스카프는 빼놓지 않는다! 따뜻한 지역으로 여행을 가더라도 비행기 안은 춥기 때문이다.

'혹시나'는 '절대로 일어나지 않는다'와 같다. 혹시나 모를 상황에 대비해 자꾸 이것저것 챙긴다면 당장 멈춘다. 그리고 스스로에게 이유를 물어본다. 정말 쓸 물건인가, 아니면 (과거의 나처럼) 가방의 빈 공간을 채워야 할 것 같아서 집어넣는 것인가? 필요하다면 여행지에서도 구할 수 있는 물건인가? 가져가지 않을 때 벌어질 수 있는 최악의 상황은 무엇인가?

정말 중요한 게 무엇인지 잊지 않는다. 물건과 짐 싸기에만 온 정신이 팔려 있다면 정말 중요한 것을 놓치고 있는 셈이다. 여행을 하며 사람들과 교감을 나누고 낯선 도시를 즐기는 일 같은 것 말이다. 그리고 그보다 더 중요한 것은 다름 아닌 당신을 잊지 않는 것이다. 여행 중에도 자기 자신을 잘 돌봐야 한다.

프로젝트 333 아이템을 정한 후에는 여행 가방을 싸는 것이 훨씬 쉬워진다. 원한다면 옷장 속 아이템을 모두 챙겨도 여행용 가방 하나면 될 것이다. 그래도 이보다는 가볍게 세상을 누비고 싶을 것이다.

아침

morning

28

프로젝트 333을 시작한 후 가장 먼저 달라진 점은 아침이 여유로워졌다는 것이다. 조급하게 뛰어다니는 일이 줄었고, 스트레스도 덜 받으며, 정신없고 준비 안 된 상태로 회사나 약속 장소에 도착하는 것이 아니라 명민한 의식과 여유 있는 모습으로 제시간에 도착했다. 옷장에서 과잉을 덜어내고 나서야 아침 준비 시간에 감정과 시간을 얼마나 낭비했는지 깨달았다. 옷을 입고 준비하는 것은 누구나 하는 일이므로 이 일에서 스트레스를 줄일 수 있다면 아침 시간이 한결 편안해질 것이다.

휴일 아침이 얼마나 평화로운지 생각해보길 바란다. 트레이닝

바지를 걸치거나 잠옷 차림 그대로 차나 커피 한잔을 마시는 아침 말이다. 뭘 입을지 고민하거나 옷장 앞에서 4,000개의 의사 결정을 하지 않아도 되기 때문이다. 프로젝트 333도 같은 효과를 발휘한다. 잠옷 차림 대신 당신이 오늘 하루를 보낼 옷을 입은 채로 아침 시간에 여유를 누린다는 점만 다르다. 이렇게 하는 것이 너무도 간단하고 타당한 일 같지만, 매일같이 옷을 마주하며 좌절하는 일상이 당연한 일처럼 느껴지기에 사람들은 이 일을 계속 반복하고 있다. 나 역시 프로젝트 333 전에는 아침에 처음 고른 옷을 입고 나간 적이 별로 없었다.

아침 몇 분이 그날 하루의 감정과 관점을 좌우한다면 어떨까? 다음 두 시나리오가 본인의 상황이라고 생각해보길 바란다. 둘 다 내가 직접 경험한 일이다.

아침 #1

- 일어나서 알람시계의 반복 알람 버튼을 몇 번이나 누른다.
- 커피를 찾는다.
- 반복 알람 버튼을 계속 눌러대며 늦장을 부린 탓에 샤워를 급히 할 수밖에 없다.
- 입을 옷을 골라야만 한다.

- 옷장을 연다. 선택지가 너무 많다.

- 입을 옷이 하나도 없다.

- 옷을 몇 벌 입어보지만 뭔가 딱 떨어지지가 않는다. 오늘은 드레스 코드가 정해져 있어서 그나마 하나를 골라 입는다.

- 늦었다. 서둘러 나간다.

아침 #2

- 10분 일찍 맞춰놓은 알람 소리에 눈을 뜬다.

- 의미 있는 모닝 루틴으로 하루를 시작한다.

- 샤워를 한다.

- 옷장을 열고 간소하게 정리된 옷들을 보며 미소 짓는다.

- 복잡한 고민 없이 옷을 골라 입는다.

두 가지 중 어떤 아침이 스트레스도 낮고 더 즐거워 보이는가? 나는 두 아침을 모두 경험해봤고, 누가 봐도 두 번째 아침이 멋진 하루로 이어질 가능성이 훨씬 크다. 아침 시간을 잘 보낼 때 그날 하루가 잘 흘러갈 확률도 높다. "어떤 하루를 보내는지가 어떤 삶을 살게 될지 결정한다"라는 작가 애니 딜러드Annie Dillard 의 말처럼 말이다.

스트레스 없는 아침으로 긍정적인 하루를 시작하는 가장 좋은 방법 두 가지는 ①작은 캡슐 옷장을 만들어 무엇을 입어야 할지 고민하는 번거로운 상황을 없애고 ②모닝 루틴을 시작하는 것이다. 준비 시간이 줄어들었으니 모닝 루틴에 쓸 여유가 생길 것이다. 자신 외의 수많은 일을 돌보기에 앞서 자기 자신을 돌볼 시간이 생긴 것이다. 하루를 어떻게 시작할지 의식적으로 접근할 때 안팎으로 많은 것이 달라진다. 나는 이를 '모닝 루틴 효과morning routine effect'라고 부른다. 모닝 루틴으로 기대할 수 있는 효과는 다음과 같다.

집중력 아침을 자신만의 루틴으로 시작하면 전보다 산만함이 줄고 집중력이 높아지는 것을 가장 먼저 체감할 수 있다. 이는 물론 그 자체만으로도 좋지만, 모닝 루틴에 명상적인 요소를 더하면 나중에 정신이 산만해져도 금세 집중력을 되찾는 효과가 생긴다.

창의력 마음과 정신이 모두 개방적인 상태에서 모닝 루틴을 행할 때 더욱 창의적인 하루를 보낼 수 있고 번쩍이는 아이디어가 샘솟는다. 내 책과 블로그 글의 아이디어 대부분은 요가 매트 위에서나 일기를 쓸 때, 아침 산책을 할 때 탄생한다.

인내심 모닝 루틴 효과 중 최고는 침착하게 반응하는 법을 배울 수 있다는 것이다. 즉각적으로 반응하지 않고 언어를 고르는 법을 배우고, 머릿속에 떠오른 생각을 무턱대고 신뢰하면 안 된다는 사실을 다시금 깨닫게 된다.

우선순위 모닝 루틴을 통해 지금 자신에게 무엇이 중요한지, 또 무엇이 중요하지 않은지를 분별해낼 힘을 얻는다. 이 깨우침을 투두 리스트, 당신의 하루, 당신의 삶에 적용할 수 있다.

에너지 의미 있는 모닝 루틴으로 당신의 심장과 영혼, 몸과 두뇌에 에너지를 높일 수 있다. 모닝 루틴을 건강한 식단의 아침 식사로 마무리한다면 음식으로도 에너지를 고양할 수 있다.

연결감 모닝 루틴은 당신의 진짜 모습에 다가갈 수 있도록 해준다. 당신이 스스로의 마음과 연결될 때 당신과 결이 비슷한 사람과의 유대감도 높아진다. 자신의 본모습에 가까워질 때 당신에게 어울리는 사람들을 끌어당길 확률도 높다.

경쾌함 모닝 루틴을 실행하면 당신의 감정과 당신이 세상을 바라보는 시각이 한층 더 경쾌해진다. 이른 아침에 일어나 모닝 루틴을 하면 일출도 볼 수 있다. 떠오르는 해를 보며 하루를 시작하면 기적이 일어날 것만 같은 신기한 기분이 든다.

모닝 루틴을 시작하는 법

캡슐 옷장을 완성한 후에는 다음 단계에 따라 모닝 루틴을 시작해보길 바란다.

아침형 인간이 아니라는 말은 그만한다. 좋은 변명거리이긴 하지만 사실 아침형 인간이 아니어도 별 상관은 없다. 오후라도 당신의 하루가 시작되는 때를 아침으로 삼아 모닝 루틴을 하면 된다.

감사하는 마음을 갖는다. 잠에서 깬 후 당신이 감사함을 느끼는 일 3가지를 적는다. 아무것도 떠오르지 않는다면 어제 당신을 미소 짓게 한 일, 눈뜨자마자 생각나는 사람, 마지막으로 크게 웃음을 터뜨렸던 때를 생각해본다.

침대 위에서 스트레칭을 한다. 발가락을 꼼지락거린다. 허리를 이리저리 돌린다. 천장을 향해 손을 쭉 편다. 폐를 크게 확장시키듯 몇 번 심호흡한다.

휴대폰을 멀리 둔다. 모닝 루틴을 즐기는 동안은 디지털 기기를 만지지 않을 방법을 찾는다. 나중에는 모닝 루틴 중에 명상 앱을 켜거나 다른 도구를 활용할 수 있겠지만, 일단은 휴대폰을 멀리 두고 이메일, 뉴스, 소셜미디어를 확인하고 싶은 마음을 다스린다.

모닝 루틴 리스트를 작성한다. 아침에 일어나 무엇을 해야 하나 고민하는 골치 아픈 상황은 피하는 것이 좋다. 모닝 루틴으로 할 수 있는 일의 리스트를 만들어두고 그중 두세 가지를 골라 시작하자.

아침에 해서는 안 되는 일을 리스트로 작성한다. 하고 싶지 않은 일 또는 하고 싶은 일을 방해하는 일이 무엇인지 정리하고 나면 아침 시간을 어떻게 보낼지 좀 더 명확하게 그릴 수 있다. 아침 시간의 가치를 떨어뜨리는 일이 무엇인지 적어본다. 더모닝이펙트themorningeffect.com의 창립자인 크레이그 컬릭Craig Kulyk은 다음의 전략을 따르면 아침에 하지 말아야 할 일을 정하고 지키는 것이 수월해진다고 제안한다. 당신이 중요하게 생각하는 긍정적인 습관에 집중해 이렇게 틀을 잡아보자.

"나는 _____을 하기 전에 _____을 할 것이다."

예를 들면 이렇다.

"나는 소셜미디어를 확인하기 전에 스트레칭과 명상, 책을 10페이지 읽겠다."

"나는 이메일을 확인하기 전에 하루 일과를 계획하겠다."

"나는 뉴스를 읽기 전에 운동을 하고, 침대를 정리하고, 한 시간 동안 업무를 보겠다."

펜과 종이를 가까이에 둔다. 일기 쓰기는 걱정을 종이에 쏟아내고, 중요한 문제를 고민하고, 머리를 어지럽히는 여러 생각을 정리하기에 좋은 수단이다.

의무감을 부여한다. 친구 한 명과 모닝 루틴 프로젝트를 함께한다. 루틴을 수행한 후에는 '해냈어'라고 서로 확인 및 응원 문자를 보내기로 한다.

음악을 듣는다. 조용한 음악은 모닝 루틴에 집중하고 몰입하는 데 도움이 된다. 첫째 주에는 5분짜리 플레이리스트를 만들어 음악이 끝날 때까지 모닝 루틴을 수행한다. 매주 1, 2분짜리 음악을 플레이리스트에 추가해가며 모닝 루틴을 늘린다.

일단, 일어난다. 모닝 루틴으로 아무것도 하지 않더라도 일주일 간 매일 아침에 일찍 일어난다. 5분 동안 요가 매트나 식탁, 침대 옆 바닥 등 어디든 원하는 곳에 가만히 앉아서 시간을 보낸다. 일단은 침대에서 일어나는 것부터 해야 한다.

프로젝트 333으로 얻을 수 있는 단 하나의 장점이 더 계획적이고 더 여유로운 아침뿐이라 해도 괜찮다. 그것만으로도 충분한 가치가 있다.

아이들
children

29

아이들도 프로젝트 333을 할 수 있을까? 물론이다! 아이가 너무 어려 혼자 옷을 고를 수 없다 해도 프로젝트 333은 도움이 된다. 엄밀히 말하면 당신에게 도움이 된다. 고르고 치우고 관리해야 하는 옷이 줄어들면 부모는 스트레스를 덜 받게 될 것이다. 달리 뭘 더하지 않더라도 육아는 이미 충분히 힘들다. 당신도 경험해봤지만 아이에게도 33개의 아이템이 적절하지 않을수 있다. 하지만 일단 실험해보고 조정해가면 된다. 만약 당신이 받는 스트레스가 전보다 더 커진다면 그건 아이템 수에 문제가 있다는 뜻이다.

더 이상 아이 옷이 필요하지 않은데 친구들과 가족들이 귀여운 옷을 선물하고 물려주고 싶어 한다면 사람들에게 프로젝트 333에 대해 정중하게 알려라. 그리고 당신이나 아이가 옷의 가짓수를 줄이는 이유에 대해 설명해주면 된다. 자신이 무슨 옷을 입을지 고를 정도로 큰 아이라면 아이에게 프로젝트 333에 대해 설명하고 옷을 고르는 의사결정 과정에 아이를 참여시킨다. 매일 자기가 가장 좋아하는 옷을 입는 것이 얼마나 멋진 일인지 알려주는 것이다.

내가 프로젝트 333을 시작했을 당시 딸아이는 10대였고, 이 프로젝트에 대해 알고 있었지만 별 관심을 보이지 않았다. 몇 년 후 33개 이하의 아이템으로 16개월간 해외에서 여행과 체류를 하면서 물질적인 것보다 경험이 중요하다는 것을 깨닫고는 아이의 삶이 크게 달라졌다. 나는 어린아이들과 프로젝트 333을 해본 경험이 없으므로 심플어드벤처simpleadventure.ca를 운영하는 엄마이자 작가, 클레어 데블린Claire Devlin이 전하는 조언을 공유하고자 한다. 아래는 클레어가 두 딸을 대상으로 꾸몄던 옷장의 예시다.

아이 한 명을 위한

프로젝트 333 옷장 아이템

5 티셔츠

3 긴팔 셔츠

6 하의(반바지, 바지)

2 가벼운 카디건

3 두꺼운 스웨터

2 드레스(또는 여벌의 놀이용 옷)

2 화려한 드레스(특별한 이벤트를 위한 깔끔한 의상)

4 신발(스니커즈, 샌들, 드레스 슈즈, 고무장화)

1 모자

1 선글라스

1 재킷

1 레인 팬츠

1 수영복

1 백팩

"아이를 대상으로 프로젝트 333을 잘 진행할 수 있나요?"

이 질문에 클레어는 이렇게 답했다.

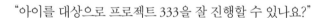

"아이들은 매일 옷을 갈아입어야 하고 커가면서 사이즈도 자주 바뀌어서 예정대로 진행하기가 어려워요. 그래서 아이의 캡슐 옷장은 어른과 기준이 좀 달라요. 스타일 좋은 옷, 오래 입을 수 있는 고가의 옷보다는 아이에게 잘 맞는 옷, 세탁이 쉬운 옷으로 옷장을 꾸려야 하죠."

어떤 아이템으로 아이의 프로젝트 333 옷장을 꾸며야 할지 클레어가 제안하는 기준은 다음과 같다.

빨래 스케줄을 정한다. 33개 아이템으로 부족할 것 같다면 빨래 스케줄부터 정한다. 빨래 일정을 정해놓고 캡슐 옷장을 계획한다니 선뜻 이해가 안 가겠지만 빨래를 얼마나 자주 돌리는지 한 번 생각해보길 바란다. 만약 일주일에 한 번 세탁을 한다면 최소 일주일 치 입을 옷을 정해두어야 한다. 하루에 옷을 한 번 이상 갈아입어도 부족하지 않을 것이다. 만약 빨래를 일주일에 두 번 한다면 아이템 수를 더 줄일 수도 있고, 아이템 구성을 달리하는 등 다양한 선택지를 고민해볼 수 있다!

믹스앤매치가 가능한 옷을 고른다. 옷이 너무 많아서 어떻게 줄여야 할지 고민이라면 쉽게 믹스앤매치가 가능한 옷을 선택하길 추천한다. 나는 다양한 상의에 받쳐 입을 수 있도록 청바지,

카키 팬츠 또는 갖고 있는 상의 대부분과 어울리는 색의 하의를 고른다. 상하의를 반드시 함께 입어야 하는 민트 그린 색의 나비무늬 옷이 있다면? 그것도 괜찮다. 상하의가 정해져 있어 간편하다. 아이가 옷을 직접 고르겠다고 조른다면, 아이가 알아서 어울리는 것으로 선택할 테니 부모로서는 더 편한 셈이다.

철이 지난 옷은 따로 보관한다. 모든 옷을 옷장이나 수납장에 한꺼번에 보관하는 일은 삼가는 것이 좋다. 지금 철에 맞는 옷만 옷장에 정리하고 나머지는 따로 빼서 보관함에 이름표를 붙인다. 나는 큰 사이즈의 고무 보관함에 정리한 후 아이 옷장의 제일 위 칸에 올려놓는다. 아이에게 조금 큰 옷들도 마찬가지 방법으로 정리한다. 한편 계절별로 옷을 정리하겠다는 마음은 접어두길 바란다. 또 하나의 골칫거리가 된다. 사는 지역에 따라 봄/여름, 가을/겨울 이렇게 두 차례면 충분할 것이다.

옷을 물려준다. 생각이 다른 사람들도 있겠지만 나는 아이의 옷이 작다 싶으면 바로 다른 사람에게 준다. '언젠가, 어쩌면'이라는 생각으로 보관하기보다는 지금 당장 필요한 사람에게 주는 것이 낫다고 보는 쪽이다. 계절이 변할 때는 아이 옷장을 어차피 정리해야 하므로 이때 옷들을 살펴보며 분류하면 편하다.

옷장을 단순하게 유지한다. 나는 수납장보다는 보관함에 아이 옷을 정리한다. 아이마다 상의(티셔츠, 카디건, 스웨터), 하의(반바지, 바지, 드레스), 속옷(양말과 수영복도 함께), 잠옷 보관함을 각각 만들었는데, 깨끗이 세탁된 옷을 잘 분류해 보관함에 넣기만 하면 된다. 옷을 정리하기도 쉽고 아침에 옷을 찾아 입기도 쉽다. 보관함을 가져다 놓으면 아이들이 세탁된 옷을 알아서 분류하고 정리하기도 한다.

성인에게도 유용한 조언이다! 아이와 함께 프로젝트 333을 시도해볼 생각이라면 클레어의 조언을 귀담아 듣되 아이의 연령에 맞게 조율해야 한다. 10대 아이에게 무턱대고 패션 챌린지를 들이밀었다간 그 끝이 좋을 리 없고, 규칙을 잘 지키길 기대하기 어려운 걸음마 영아나 유치원생에게도 어려운 과제일 것이다. 당신과 당신 가족에게 최선의 선택지를 찾고 적당한 선에서 조율해가길 바란다.

전염력

contagious

30

"이 챌린지가 제 인생 모든 면면에 영향을 미친다는 것이 정말 좋아요."

이 문장 하나가 이 챕터의 내용을 완벽히 요약한다. 프로젝트 333은 당신의 옷장만 간소하게 정리하는 것이 아니다. 당신의 인생 전반과 어쩌면 주변 사람들의 인생까지도 변화시킬 수 있다. 나는 옷을 단순하게 입으며 배운 값진 교훈 덕분에 적게 소유하는 삶을 실천할 수 있었다. 옷장만이 아니라 주방, 거실, 차고 등 수많은 공간에 적용했다. 33개 이하의 아이템으로 없으면 없는 대로 대충 살아가는 것이 아니라 멋지게 성장하면서 내 집과 삶의 면면을 비워내고 간소화할 수 있다는 자신감을 얻었다.

옷을 줄이는 챌린지에 도전할 때 소유물과의 관계가, 당신이 생각하는 충분함의 기준이, 당신을 정말로 행복하게 하는 것들이 달라진다. 이 소소한 패션 실험은 단순히 옷과 옷장 이상의 더 큰 의미가 있다. 공간과 시간을 만들고, 자신감을 높이고, 당신에게 가장 중요한 것들로만 가득 채운 충만한 삶을 만드는 과정이다.

소박한 옷장이 소박한 인생에 이르는 길이다

옷장을 비웠듯이 당신 일상의 일부인 집의 한 공간을 간소하게 비우고 장점을 경험하고 나면 집 외에 다른 공간에 어떻게 단순함을 적용할 수 있을까 궁금해진다. 옷장 속 33개 아이템만으로 더 행복해진 후에는 나무 주걱, 거품기, 냄비, 팬의 가짓수를 줄인다면 주방이 더 나아지지 않을까 상상하게 된다.

습관과 개인의 취향에 따라 우리는 보통 같은 옷을 계속 입고, 집에서는 같은 아이템만 계속 사용한다. 그 외의 물건은 사실 공간만 차지하고 소중한 자원만 낭비할 뿐이다. 비움을 실천할 때 집은 더 행복해지고 마음은 더 차분해진다. 더 행복한 집과 평화로운 삶은 누구에게나 도움이 된다.

육아 잡지 〈마덜리Motherly〉에는 잡동사니가 불안을 증폭시킨다는 여러 과학 연구가 담긴 글이 게재되었다. "어수선한 환경이 스트레스 호르몬인 코르티솔 호르몬을 분비시켜 긴장과 불안을 높이고 건강하지 않은 습관을 촉발할 수 있다." 과학적인 자료가 없다 해도 고된 하루를 마치고 늦은 밤 집에 들어갔을 때를 생각해보길 바란다. 휴대폰이 울리고, 세탁 바구니 안에 세탁물이 넘쳐나며, 식탁 위에는 아이들 숙제며 잡동사니가 잔뜩 펼쳐져 있는 광경을 맞닥뜨렸다고 상상해보자. 불안이 촉발되는 환경이다. 디지털 세계와 현실 세계의 난장판 사이에서 우리는 주변 환경에 압도당하기도 한다.

캡슐 옷장에서 얻은 동기를 바탕으로 우리는 한발 더 나아가 집과 삶에서도 잡동사니를 줄일 수 있다. 자신이 받은 영감과 실제 행동 사이의 간극을 줄이고 매일 조금씩 실천하면 된다. 그 덕분에 나는 내 삶 전체를 단순하게 정리했고 엄청난 스트레스를 줄였다. 내가 만들어낸 큰 변화와 그 변화를 이끈 작은 노력을 참고하길 바란다.

큰 변화 식습관

타임라인 6개월에 걸쳐 식단에서 육류를 없앴고, 계속해서 변화가 진행 중이다. 식단에 따라 내 몸이 계속 달라지기 때문에 식단에 대한 실험은 쭉 이어갈 생각이다.

작은 노력

- 음식과 다발성 경화증에 대한 책을 읽었다.
- 식단에서 소고기를 없앴다.
- 식단에서 돼지고기를 없앴다.
- 식단에서 닭고기 및 가금류를 없앴다.
- 식단에서 생선과 해산물을 없앴다.
- 채식주의에 대한 책을 읽으며 동기를 부여했다.
- 고기를 먹고 싶은 마음을 지우기 위해 돼지와 소를 키우는 농장에 방문했다.
- 식단에 채소를 늘렸다.
- 몸의 변화를 계속 체크했다.
- 가공되지 않은 비건 식단을 실험했다.
- 채소를 더 추가했다.
- 30일간 자연식물식 식단을 시도했다.
- 생선과 해산물을 추가했다.

- 가공식품을 크게 줄였다.

- 대다수의 빵과 파스타를 금했다.

- 계속해서 몸의 변화를 지켜볼 예정이다.

큰 변화 수만 달러에 이르는 큰 금액의 채무를 변제했다.

타임라인 채무를 모두 청산하기까지 3년 반이 걸렸다.

작은 노력

- 남편과 상의했다.

- '~을 하는 건 정신 나간 짓이 아닐까?'라는 질문을 이것저 것 하기 시작했다.

- 데이브 램지Dave Ramsey●의 라디오를 들었다.

- 부채 줄이기 프로그램인 파이낸셜 피스 유니버시티Financial Peace University를 온라인으로 수강했다.

- 비상 자금 1,000달러를 만들었다(한 번에 만든 것은 아니다).

- 예산을 세우고 현찰만 사용했다.

- 가욋돈은 모두 제일 금액이 적은 빚부터 갚는 데 썼다.

- 죄책감을 내려놓았다. 고통은 이미 충분히 받았다.

● 미국 최고의 금융전문가. - 옮긴이

- 거절을 했다. 그것도 아주 많이.
- 계속 예산을 세우고, 남편과 깊은 대화를 나누고, 조금이라 도 돈이 생기면 전부 규모가 가장 작은 빚부터 갚았다.
- 첫 번째 신용카드 대금, 첫 번째 차 할부금, 두 번째 신용카 드 대금, 대출, 두 번째 차 할부금, 학자금을 정산할 때마다 축하했다.

큰 변화 소유물의 90퍼센트를 정리했다.

타임라인 대다수의 물건을 정리하는 데 3년이 걸렸다.

작은 노력

- 중요하지 않은 물건을 박스에 담았다.
- 정리하기 쉬운 물건부터 처분했다. 예를 들면 같은 것이 2개 있는 물건, 빈 액자, 발이 불편한 신발 등.
- 내가 비운 공간을 눈으로 확인했다.
- 마음이 가벼워짐을 느꼈다.
- 포기하기가 쉽지 않은 물건을 정리하고 처분했다. 예를 들 면 비싸게 산 옷들, 한 번도 사용하지 않은 소형 가전제품, 실내장식물과 가구 등.
- 내가 비운 공간을 눈으로 확인했다.

- 마음이 가벼워짐을 느꼈다.
- 숨어 있는 물건을 정리했다. 예를 들면 차고와 창고에 있는 박스들, 높은 선반이나 침대 아래 묵혀둔 물건 등.
- 50달러 이상의 가치를 지닌 물건은 팔고 그렇지 않은 물건은 나눠주었다.
- 책과 추억이 담긴 물건 등 처분하기가 어려운 물건도 결국 정리했다. 전부는 아니지만 대다수를 처분했다.
- 텅 빈 방을 보고 집을 처분할 준비가 되었음을 느꼈다.

큰 변화 56평에서 21평으로 집을 줄였다.

타임라인 2012년 10월 처음으로 집을 정리하자는 이야기를 진지하게 나누었다. 이후 2013년 3월에 집을 내놓고 그해 5월에 이사했다.

작은 노력
- 남편에게 이렇게 물었다. "지금 집을 팔고 더 작은 곳으로 이사하면 미친 짓일까?"
- 장단점을 상의했다.
- 2012년 10월 부동산업자와 만났다.
- 카펫을 교체해줄 사람을 구했다.

- 집 내부 페인트칠을 우리가 직접 했다(으, 맡겼어야 했다).

- 누군가 집을 보러 올 때마다 개와 고양이를 숨겼다(으, 매번 얼마나 힘들었는지 잊을 뻔했다).

- 우리에게 가장 중요한 가치가 무엇인지 상의했고, '부동산 시장이 반등'할 때까지 기다렸다가 집을 팔라는 조언은 무시했다. 돈은 의사결정에서 고려 대상이 아니었다. '우리가 어떻게 살고 싶은가'와 같은 더 중요한 문제들이 많았다.

- 남편과 딸, 큰 개와 고양이 두 마리와 함께 21평 아파트로 이사했다.

- 한 달 후 지역 주민을 위해 마련된 루프톱에서 산을 내려다보며 딸의 고등학교 졸업을 축하했다.

- 토요일 아침, 남편이 하는 말을 들으며 우리가 옳은 결정을 했음을 다시 한 번 깨달았다. "내가 오늘 뭘 안 하는 줄 알아? 낙엽도 안 쓸고, 잔디도 안 깎고, 지붕도 손보지 않고, 이웃집을 돌며 울타리 교체 건으로 협상도 안 해도 돼." 우리는 대신 하이킹을 갔다.

당신이 실천하는 소박함은 집 안의 이 방에서 저 방으로 전파될 뿐 아니라 남들에게까지 번져나간다. 내 경험상 가족을 설득하거나 참여를 독려할 때 말로 하는 것은 별 효과가 없었다. 하지만 직접 행동으로 보여주며 자극했을 때는 효과가 있었다. 33개 아이템을 고를 때도, 집 안 물건들을 정리할 때도 작은 단계들을 하나씩 실천해가는 것이 중요하다는 것을 명심하길 바란다. 떠나보낼 것은 과감히 떠나보내고 선택지를 줄여라. 당신이 생각하는 것 이상으로 훨씬 큰 변화를 불러올 것이다.

비워내다

less

31

비워낸 덕분에 내 삶의 모든 면에서 더 많은 것을, 그것도 진정으로 의미 있는 것들을 얻었다. 소박한 삶은 희생이 아니다. 가장 중요한 것들을 찾아가는 하나의 여정이었다. 비워낼 때 어떻게 더 많은 것을 얻을 수 있는지 지금부터 들려주겠다.

소유물을 줄일 때 더 많은 공간과 사랑, 교감을 얻을 수 있다. 집은 물건을 보관하는 장소가 아니라 사랑과 교감이 깃드는 공간이다. 잡동사니를 정리해 물리적인 공간을 확보하면 집중력을 앗아가는 요소가 줄어 진정으로 원하는 삶을 살 수 있다.

옷을 줄일 때 더 많은 시간과 돈, 명료함을 얻을 수 있다. 프로젝트 333 덕분에 쇼핑에 낭비하는 시간과 돈을 절약했고, 작은 캡슐 옷장에서 옷을 고르며 의사결정 피로도 줄일 수 있다.

일을 줄일 때 더 많은 생산력과 창의력을 발휘할 수 있다. 나는 일을 줄인 후 더 많은 것을 성취했고 더 높은 성과를 달성할 수 있었다. 번아웃에 빠진 채로 무언가를 해내려고 애쓸 때의 기분을 잘 알 것이다. 일도 제대로 안 되고 건강도 나빠진다. 주변 사람들도 고통에 빠진다. 해야 할 일은 항상 남아 있을 것이다. 그러니 할 일의 가짓수를 줄여서 제대로 하길 바란다. 무엇보다 가장 중요한 일을 우선순위에 두고 해야 한다.

덜 서두를 때 더 여유로워진다. 여유를 갖는다는 것은 사랑에 빠지는 것과 비슷하다. 식사를 마친 후 접시를 치우느라 바쁘게 아니라 식탁에 둘러앉아 대화를 나누고 즐거운 시간을 공유하라. 함께 있는 사람, 함께 나누는 저녁 시간과 사랑에 빠지게 될 것이다. 마찬가지로 일출, 좋은 책 한 권, 느긋한 산책, 혼자만의 시간을 즐기는 여유는 사랑을 북돋는다. 당신이 지금 경험하는 일에 대한 사랑, 함께 시간을 보내는 사람에 대한 사랑, 당신 자신에 대한 사랑을 말이다.

걱정을 줄일 때 평온해지고 잠도 더 잘 온다. 걱정은 밤을 지새

우게 만든다. 걱정은 우리를 짓누른다. 걱정은 공포를 불러오고, 피곤과 짜증 그리고 두려움을 느끼게 만든다. 한 가지 말하자면, 우리가 얼마나 걱정을 하든 결과는 달라지지 않는다. 단순함이 걱정을 덜어줄 수 있다. 주변 환경이 가벼워질 때 걱정도 가벼워진다. 당신 주변을 무엇으로 채울 것인지 의식해야 한다. 정말 중요한 것만 남겨두고 나머지는 모두 흘려보낸다.

'노'라고 말할 때 사랑하는 사람들과 좋아하는 일을 할 시간이 더 늘어난다. 누구나 거절하고 싶지만 '예스'라고 말한 적이 있을 것이다. 죄책감 때문에, 소외될까 봐 두려워서 마음이 '노'라고 외치는데 습관적으로 예스라고 답하는 것은 당신 자신뿐 아니라 상대에게도 폐가 되는 행동이다. '노'라고 말하고 싶었던 당신의 마음은 내내 저항할 것이다. 이런 상태에서는 상대에게 무언가를 해주면서도 기쁨을 느끼지 못한다. 최선을 다하지도 못할 것이고, 자신이 한 약속에 화가 나거나 당신을 이렇게 만든 상대에게 분노를 느낄 것이다. 당신에게 중요한 사람에게 내어줄 시간이 없다면 이제 중요하지 않은 일에는 시간을 그만 써야 한다.

전자기기와 연결을 줄일 때 당신 자신과 더 많이 교감할 수 있다. 당신이 원하는 것이 진실한 교감과 정직한 답변이라면 휴대폰보다는 당신의 마음을 더 자주 들여다봐야 한다. 두 눈을 감은 채 가슴에 두 손을 얹고 몇 분간 조용히 앉는 것부터 시작한다. 심장이 하는 소리를 듣는다. 심장은 답을 알고 있다.

호들갑을 줄이면 더 편안해지고 더 침착해진다. 의식적으로 더 차분하게 반응한다. 의식적으로 심호흡을 여러 번 한다. 오래 산책한다. 호들갑이 들어설 자리를 만들지 않는다.

가볍게 옷을 입고 가벼운 삶을 살아가자 많은 변화가 찾아왔다. 돈을 절약하고 공간의 여유를 확보하는 것까지는 예상했지만 다음은 내가 미처 예상하지 못했던 이점이다. 나는 건강을 되찾았고, 내가 진정으로 좋아하는 일을 시작했으며, 내가 사랑하는 사람들에게 몰입할 수 있었다. 비워낸 삶은 내게 훨씬 많은 것들을 안겨주었다.

다정한 사람이 된다. 스트레스를 낮추고 시간과 공간에 여유가 생길 때, 자연스럽게 사람을 어떻게 대해야 하고 다양한 상황에서 어떻게 반응할 것인지에 대해 많은 생각을 하게 된다. 상대에게 더 많은 칭찬을 건네고, 이야기를 경청하고, 자주 미소 지을 수 있는 여유가 생긴다. 가볍게 입고 가볍게 살 때 더욱 멋진 사람이 될 수 있다.

침묵의 매력을 깨닫는다. 심한 압박 속에 살다 보면 스트레스와 속도가 성공의 비결로 보일지도 모르지만, 한발 물러난 후에는 침묵과 고독의 가치를 깨닫게 된다.

건강한 라이프 스타일을 누린다. 몸에 진정으로 필요한 것이 무엇인지 귀 기울여 듣는 일은 너무나 중요하다. 그런데 항상 혼돈 속에서 살아간다면 몸이 전하는 메시지를 어떻게 들을 수 있겠는가? 삶을 더욱 단순하게 만들 때, 몸에 관심을 기울이고 변화를 이끌어내고 건강한 라이프 스타일을 가꿀 여유가 생긴다.

준비가 되었을 때 구매한다. 광고업자들은 가장 최신의, 가장 훌륭한 제품이 필요하다고 우리를 설득한다. 마케팅과 특가 행사를 내세워 지금 당장 사야 할 것 같은 생각마저 들게 만든다. 하지만 원하는 것도, 필요한 것도 줄어든다면 상품이 준비되었을 때가 아니라 당신이 준비되었을 때 제품을 구매하게 될 것이다. 전단지, 팝업창, 쿠폰, 세일, 리워드 등 한심한 마케팅 속임수에 더 이상 휘둘리지 않게 된다.

심플함이 섹시하다. 미니멀리즘은 '아무것도 소유하지 않은 내 본모습이 이것이다'라고 말한다. '내 진짜 모습을 보기 위해, 내 진짜 모습을 사람들에게 보여주기 위해 겹겹이 쌓인 과잉의 짐을 모두 벗는다'라고 말한다. 이것이야말로 진짜 섹시함이다.

불확실성 앞에서도 열린 마음을 유지할 수 있다. 미니멀리즘은 불확실성에 대처할 여유를 마련해준다. 적게 소유하며 가벼운 몸과 마음으로 인생을 헤쳐 나갈 때 삶의 본질인 변화와 불확실함을 받아들일 수 있다. 스트레스와 물건, 걱정으로 짓눌리지 않을 때 마음을 비우고 놓아버리는 것도, 방향을 전환하는 것도, 우아하게 변화하는 것도 더 쉬워진다.

사랑

love

32

나의 다른 책《내 영혼을 풍성하게 해주는 소박한 삶》을 읽었거나 비모어위드레스에 접속해봤다면 패션 챌린지를 다루는 책에서 '사랑'에 관한 챕터가 있다는 데 그리 놀라지 않을 것이다. 사실 삶을 소박하게 일구고 옷장을 정리하는 행위는 단순히 깨끗한 식탁과 예쁜 옷장을 만들기 위해서만은 아니다. 물론 깨끗하고 예쁘게 가꾸면 좋지만, 삶을 소박하게 유지하려는 다른 동기가 없다면 이 변화는 그리 오래 지속되지 않는다.

평화, 안락함, 무엇보다 사랑과 같은 이유가 소박한 삶을 유지하는 중요한 동기다. 옷장에서 시작하든 주방 서랍에서 시작하든, 커리어나 캘린더에서 시작하든, 우리가 결국 원하는 것은 사랑하는 사람, 사랑하는 일에 몰입할 시간과 공간을 마련하는 것이다. 우리 삶에 더 많은 사랑이 자리할 공간을, 즉 물건과 바쁜 생활, 빚과 스트레스를 덜어내 여유를 만드는 것이다.

이 글을 읽으며 고개를 내젓고는, '하지만 나는 쇼핑, 옷, 패션을 정말 좋아하는걸'이라고 생각한다면 아마도 시간을 들여 당신이 진정으로 사랑하는 것을 생각해보지 않았거나 이를 깨달을 시간, 공간, 에너지가 없었던 것일 수 있다. 당신을 비난하는 것이 아니다. 사실 나도 이렇게 생각했었다. 나도 쇼핑과 옷, 신발, 반짝이는 것들을 사랑했다. 아니 적어도 그렇다고 믿었기에 이런 말을 할 수 있는 것이다. 나는 내가 무엇을 사랑하는지 몰랐다. 어쩌면 당신도 그런 것일지 모른다. 옷장 속에 있는 물건에 너무 관심을 갖게 된 나머지 사랑이라고 착각하는 것일 수도 있다.

당신이 정말 사랑하는 것은 무엇인가?

당신의 가슴을 두근거리게 만드는 대상은 무엇인가?

당신이 하고 싶은 일은 무엇인가?

당신은 어떤 사람이 되고 싶은가?

당신이 진정으로 호기심을 갖고 관심을 기울이는 대상은 무엇인가?

이 질문에 대한 답을 찾지 못했다고 해서 또는 생각해본 적 없다고 해서 불안해할 필요는 없다. 대부분의 사람들이 그렇다. 해야 한다고 생각하는 일, 우리가 관심을 가져야 한다고 생각하는 일을 해내느라 너무도 바쁜 나머지 우리에게 선택권이 있음을 잊었는지도 모른다. 규칙을 깰 수 있음을, 새로운 규칙을 써 내려갈 수 있음을, 잘 어울리는 옷과 쓸데없는 물건을 새로 사 들이는 것 말고도 다른 데 신경을 쓸 수 있음을 잊은 것일지도 모른다. 자신이 정말 사랑하는 게 무엇인지 알고 싶고 깨닫고 싶다면 이 방법을 시도해보길 바란다.

'이것이 사랑인가?'라고 묻는다

내 '짐'이 사랑과 무슨 관련이 있는지 처음에는 이해하지 못했다. 이 상관관계를 이해하지 못했지만 내 잡동사니, 빚, 바쁜 생활은 사랑으로 가득한 삶을 사는 데 커다란 걸림돌이라는 사실을 알게 되었다. 짐을 내려놓자 내가 사랑하는 것들을 생각할 여유가 생겼다. 빚을 청산한 후에는 내가 좋아하는 일을 탐색할 자유를 얻었다. 바쁜 생활이 사라지자 현재의 순간에 몰입하고 내 삶을 온전히 살아갈 용기를 얻었다.

물론 지금도 원하는 물건이 생기고 한 번씩 새로운 물건을 사고 싶다는 생각이 든다. 하지만 물건이 사랑을 행하는 데 방해가 된다는 것을 깨달은 이상 전처럼 새로운 무언가가 그리 매력적으로 느껴지지 않는다. 미련 없이 돌아서기가 쉬워졌다.

소유물이 얼마나 위험한지 하룻밤 새 깨달음을 얻은 것은 아니었다. 몇 년이나 걸렸다. 소박한 삶을 시작하는 시작 단계라면, 물건을 줄이고 사람들에게 거절하는 데 어려움을 느낀다면, 새로운 무언가를 구매하거나 약속을 하기 전에 스스로에게 한 가지만 물어보길 바란다.

'이것이 사랑인가?'

그 무언가가 당신의 삶을 사랑으로 채우거나, 당신이 사랑하는 이들과 당신이 사랑하는 일 또는 당신이 삶에서 진정으로 중요하게 생각하는 무언가에 힘을 실어주는가? 당신이 사랑하는 삶을 살도록 이끌거나 사랑을 베풀며 살도록 만드는가? 어떠한 일이나 이벤트, 약속을 하는 이유가 당신의 삶에 가치를 더하기 때문인지 아니면 싫증, 좌절, 불확실함이라는 고통에서 잠시나마 벗어나게 해주기 때문인지 스스로에게 물어야 한다. 그 고통을 더 좋은 방법으로 줄일 수 있을까? 자꾸 물어야 한다.

이것이 사랑인가?

사랑을 발견해야 사랑이 자리한다

마음에 와 닿는 책을 읽으면 '이것이 사랑이다'라고 말한다. 진실을 말하는 이들을 보면 '이것이 사랑이다'라고 말한다. 산 정상, 일출, 흙을 뚫고 올라오는 새싹을 보면 '이것이 사랑이다'라고 말한다. 사랑을 자꾸 발견하고 말할 때마다 당신의 삶에도 사랑이 자리하기 시작한다.

소박함은 사랑으로 회귀하는 여정이다. 덜어내고 내려놓을 때 당신이 사랑하는 대상에 더 많은 관심과 에너지를 쏟을 수 있다. 33개 이하의 아이템으로 옷 입기를 실천한 사람들의 피드백에서 내가 발견한 가장 흥미로운 점은, 결국 이 패션 프로젝트가 패션이나 옷이 아니라 건강, 행복 그리고 마음에 관한 것이라는 점이다. 우리의 삶을 향상시키고, 우리 자신이 누구인지, 진정으로 원하는 것이 무엇인지 돌아볼 여유를 허락하는 모든 일들이 그렇듯 이 패션 프로젝트는 '사랑'이다.

프로젝트 333
project 333

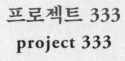

33

프로젝트 333 커뮤니티와 많은 사람들의 실험과 관심, 지지와 격려가 아니었다면 이 책은 탄생할 수 없었다. 몇 년 동안 프로젝트 333 경험에 대해 글을 쓰고 공유하던 나는 그 일을 그만두었다. 이제 충분하다는 생각이 들었다. 물론 33개 이하의 아이템으로 옷장을 채우는 생활은 계속할 예정이지만, 이에 관해서 더는 글을 쓰지 않겠다는 생각이었다.

하지만 그 후에도 프로젝트 333에 대해 문의하는 사람들, 챌린지에 대한 감사함을 알리는 사람들에게서 거의 매일같이 이메일을 받았다. 프로젝트 333 사이트를 내리고 페이스북 페이지도 닫았지만, 많은 사람들이 블로그와 소셜미디어에 자신의 경험담을 풀어놓으며 챌린지의 활기를 이어갔다. 언젠가 푸디크러시foodiecrush.com를 운영하는 친구 헤이디와 대화를 나누던 나는 이제 내가 하던 일을 전부 접을 거라는 말을 했다. 헤이디가 정확히 무슨 말을 했는지는 기억이 안 나지만 대충 이런 내용이었다.

"그만 좀 투덜거려. 사람들이 인터넷에서 프로젝트 333을 보고 널 찾는 거잖아. 네 이야기에 공감하고, 소박한 삶에 대해 배우고, 자신의 인생을 변화시키고 있다고."

친구의 말이 맞았다. 그날 대화 이후 나는 다시 프로젝트 333과 내 의상에 대해 글을 써서 공유하고, 내 작은 옷장을 갖고 투어를 다니며, 이 책도 썼다. 이제는 불평을 하지도 않고 그만둘 생각도 하지 않는다. 우리 모두를 하나로 묶어주는 끈이기 때문이다.

독자 가운데 삶을 소박하게 만들기 위한 첫 번째 단계에 진입한 사람도 있을 것이다. 프로젝트 333이 아니었다면 우리가 이렇게 만날 일은 없었다. 따라서 내가 할 수 있는 일은 감사한 마음으로 이렇게 말하는 것뿐이다.

"프로젝트 333 커뮤니티에 오신 것을 환영합니다. 함께할 수 있어서 무척 기뻐요. 제가 도울 수 있는 게 있다면 언제든지 알려주세요."

친구인 마크와 엔젤 체르노프의 연례 컨퍼런스 '더 훌륭하게 생
각하고, 더 훌륭하게 산다Think better, Live better' 무대에서 의지력
에 대한 이야기를 마친 후 나는 작은 옷장 투어Tiny Wardrobe Tour
를 시작했다. 컨퍼런스에서 프로젝트 333에 대한 이야기를 하
긴 했지만 주된 내용은 아니었다. 하지만 다음 날 이어진 소규
모 Q&A 자리에서 사람들이 하나같이 어떤 질문을 했는지 아는
가? 프로젝트 333이었다.

뜨거운 관심에 더해 마크와 엔젤의 응원과 격려 덕분에 내 작은
옷장 투어가 시작되었다. 첫 투어 장소는 뉴욕이었고 25명이 참
가했다. 토론토에 도착했을 때는 수백 장의 티켓이 판매되었다.
투어 내내 내 작은 옷장을 가지고 다녔지만, 끝날 무렵에는 내
뒤에 자리한 행거에 뭐가 걸렸는지보다 훨씬 중요한 이야기를
주제로 대화를 나누었다.

나는 이메일, 소셜미디어를 통해 프로젝트 333 커뮤니티와 소
통하지만, 해시태그 #project333이 주된 창구다. 이 책에서 배운
것을 바탕으로 프로젝트 333이라는 작은 옷장을 시작한다면 어
느 단계에 있든 우리 커뮤니티에 합류해도 좋다.

프로젝트 333을 함께하는 법

1. 챌린지를 시작한다.

2. 친구를 초대한다.

3. 인스타그램에서 @project333과 @bemorewithless를 팔로우하고 내가 당신에게 응원을 보낼 수 있도록 소셜미디어에서 #project333, #bemorewithless로 게시물을 올린다. 인스타그램에서 #project333을 검색해 옷장을 바꿈으로써 삶을 변화시킨 사람들과 소통할 수 있다.

4. 내게 당신의 경험담을 공유한다.

5. 프로젝트 333 자료 페이지에서 인스타그램 또는 다른 소셜미디어로 당신의 #project333 이야기를 공유할 수 있다.

프로젝트 333을 응원하는 법

1. 사람들에게 알린다.

2. 아마존에 이 책의 리뷰를 작성한다.

3. 당신의 경험에 대해 블로그를 쓰거나 웹사이트 미디엄 medium.com에 글을 기고한다. 내게도 꼭 공유해주길 바란다.

4. 지역 미디어에 당신의 이야기를 공유한다. 대단한 뉴스감은 아니겠지만 매체에서 당신의 옷장을 궁금해할 수 있다.

5. 당신이 거주하는 지역사회에 나를 초대해 이야기 나눌 자리
   를 마련한다.

한 개인의 챌린지로 시작한 프로젝트 333은 이제 전 세계적으
로 확산되어 가볍게 입고 가볍게 살고자 하는 수많은 사람들의
커뮤니티이자 운동으로 성장했다. 이 프로젝트가 그저 옷과 패
션에 국한되었다면 일시적인 유행으로 끝났을 것이다. 옷장 챌
린지가 옷장이라는 공간을 넘어 더 큰 영향력을 미치고 있다.
그래서 계속해서 확산되고 성장할 수 있었다.
당신의 용기와 호기심에 너무나 감사하다. 프로젝트 333이 당
신의 옷장을 그리고 원한다면 당신의 삶까지 바꿀 수 있기를 바
란다.

뜨거운 포옹을 보내며

코트니 카버

미니멀리스트 패션 챌린지

프로젝트 333

1판 1쇄 발행 2022년 9월 7일

지은이. 코트니 카버
옮긴이. 신솔잎
기획편집. 김은영
외부교정. 하선정
마케팅. 김석재
디자인. 강경신

펴낸곳. 생각지도
출판등록. 제2015-000165호
전화. 02-547-7425
팩스. 0505-333-7425
이메일. thmap@naver.com
블로그. blog.naver.com/thmap
인스타그램. @thmap_books

ⓒ 코트니 카버, 2022
ISBN 979-11-87875-25-3 (03320)